Grandi Classici
illustrati

Grandi Classici
illustrati

CREALIBRI

Jules Verne

Ventimila Leghe sotto i Mari

Nel 1866 la gente di mare, le popolazioni costiere e in generale l'opinione pubblica, furono messi in allarme da alcuni misteriosi e drammatici avvenimenti che avevano dato filo da torcere agli armatori e ai naviganti d'Europa e d'America.
I governi di quei Paesi dovettero affrontare il problema causato dalla supposta presenza di una "cosa enorme", lunga, affusolata, fosforescente e velocissima che infestava i mari affondando i velieri e le imbarcazioni che incrociava.
Un mostro, insomma.

Al proposito si erano formulate le ipotesi più strampalate ma la verità era che nessuno poteva descrivere con certezza la strana creatura.
Cosa mai poteva essere quell'animale marino che aveva sfondato, per esempio, le lamiere dello *Scotia*, un elegantissimo transatlantico, causando un danni gravissimi?
Quale professore supplente al Museo di Storia Naturale di Parigi e trovandomi a New York per lavoro, mi fu chiesto cosa ne pensassi.

Discussi con altri colleghi le più svariate ipotesi e alla fine il *New York Herald* pubblicò questa mia affermazione:

«Pertanto, dopo aver esaminato a una a una diverse ipotesi e aver respinto ogni altra supposizione, bisogna ammettere l'esistenza di un animale marino di forza eccezionale. Le grandi profondità dell'oceano sono ancora sconosciute, ma se si tratta di qualcosa che già conosciamo, non posso che pensare a un enorme narvalo o a un gigantesco liocorno di mare che non di rado può raggiungere una lunghezza di venti metri.
Il narvalo possiede una specie di spada d'avorio che ha la durezza dell'acciaio. Se supponiamo che l'animale sia dieci volte più grosso, dieci volte più potente, dieci volte più veloce, riusciremo a spiegare scientificamente il fenomeno, salvo che la natura non ci riservi qualche altra sorpresa!».

Questa mia ultima affermazione convinse il governo americano e quello inglese ad armare una nave di prim'ordine che avrebbe avuto il compito di trovare il mostro e annientarlo.
Quale esperto fui invitato a partecipare alla spedizione e io fui felice di accettare. Non provavo nessun timore e avevo anch'io il desiderio di liberare i mari dal terribile mostro.

Chiamai Conseil, il mio fedele domestico, gli comunicai la mia decisione ed egli, come sempre, accettò di seguirmi senza mostrare la più piccola esitazione.
Conseil era un ragazzo tranquillo e posato che, frequentando gli scienziati miei colleghi, aveva infine imparato perfettamente le classificazioni di scienze naturali tanto da essere in grado di percorrere la scala dei rami, gruppi, classi e sottoclassi così agilmente da lasciarmi ogni volta meravigliato!

Preparati i bagagli, senza dimenticare la mia opera in due volumi *Misteri dei grandi fondali sottomarini*, partimmo alla volta di Brooklyn, sulla riva sinistra dell'East River; là raggiungemmo l'*Abramo Lincoln*, una nave molto veloce, capace di mantenere un'andatura media superiore ai diciotto nodi.
«Il professor Pierre Aronnax?» mi chiese un ufficiale appena salii a bordo.
«In persona.» risposi. «Il comandante Farragut?»
«In persona. Benvenuto a bordo professore, permettetemi di mostrarvi la vostra cabina...»
Oltre a essere una nave tecnicamente perfetta, la sistemazione interna era davvero gradevole e fui contento del nostro alloggio. Conseil si occupò dei bagagli e io salii sul ponte; il comandante non voleva perdere altro tempo e la nave cominciò a effettuare le manovre per staccarsi dal molo. Una folla di curiosi era venuta ad assistere alla partenza. Li salutai anch'io, eccitato come uno scolaretto.
La giornata era limpida e tiepida; era la fine di marzo, e il sole, forse perché erano soltanto le tre del pomeriggio, pareva già caldo. Sentii che le caldaie erano alimentate al massimo, e verso le otto di sera l'*Abramo Lincoln* si slanciò a tutta forza verso le acque sconfinate dell'Oceano Atlantico.
Il giorno seguente constatai che la nave era davvero ben equipaggiata. Se avessimo incontrato il mostro avremmo avuto ottime probabilità di catturarlo.
Inoltre l'equipaggio, eccitato dalla caccia, stava ben all'erta e scrutava avidamente il mare, attento a ogni manifestazione particolare.
Con noi c'era anche Ned Land, il re dei fiocinieri. Canadese, di circa quarant'anni, possedeva una forza fuori dal comune. Questa, unita al sangue freddo, alla prontezza di riflessi e all'audacia, lo rendeva l'uomo più adatto all'impresa.

In quei primi giorni imparai a conoscerlo meglio e naturalmente gli chiesi cosa ne pensasse del mostro.
«Non sono sicuro si tratti di un cetaceo.» mi rispose.
«E perché? Voi, che avete familiarità con le balene, dovreste essere in grado ancora più degli altri di immaginare un simile mostro!»
«È per questo che sono scettico. Vedete, ho cacciato troppe balene per pensare che possa esistere un "mostro" capace di aver tagliato le lamiere dello *Scotia*.»
«Eppure non vedo altre spiegazioni logiche!» incalzai.
«Non lo so professore, devo dire che non mi convincete del tutto, forse la cosa non è vera, magari è tutta una montatura.»
Preferii non insistere, ma ritenevo che l'incidente accorso allo *Scotia* era una prova più che tangibile che qualcosa doveva averlo causato.
Intorno al 30 luglio eravamo al largo delle Malvine; l'*Abramo Lincoln* aveva incrociato delle baleniere e Land, salito a bordo di una di queste, poté dimostrare la sua abilità con l'arpione e catturò due superbi esemplari di balene.

La sua abilità fece un'ottima impressione anche sull'equipaggio che vedeva in lui il vero antagonista del mostro.
In verità il supposto narvalo continuava a rimanere nascosto, e le altre navi che incrociavamo non avevano notizie fresche da passarci. L'ultimo avvistamento risaliva a due mesi prima, quando era stato scorto nel Pacifico, l'oceano che sapevamo essere la nostra meta perché era in quelle acque profonde che poteva nascondersi.
A bordo l'eccitazione era sempre alta, non si parlava che del narvalo: ogni luccichio, ogni onda anomala era guardata con trepidazione. Mille volte parve ai marinai di vedere tra i flutti il mostro, e mille volte rimanemmo delusi; ma la speranza di trovarlo non diminuiva.
Io stesso e Conseil non staccavamo gli occhi dal mare e a malavoglia

lasciavamo le nostre postazioni per andare a mangiare o a dormire.

Nel frattempo io approfittavo di quell'insolita crociera per migliorare le mie conoscenze sulla fauna e flora marina; esaminavo qualsiasi cosa si pescasse e Conseil, sempre al mio fianco, mi aiutava a tenere in ordine gli appunti con la solita precisione.
Quasi senza rendercene conto trascorsero sette mesi, senza trovare la minima traccia del mostro, l'entusiasmo dell'equipaggio iniziò a vacillare; pareva che il narvalo fosse definitivamente scomparso.
Tra gli uomini cominciò a serpeggiare il malcontento; coloro che erano stati i più accaniti sostenitori si davano degli stolti per aver perso il loro tempo, gli altri vedevano confermati i loro dubbi che si facevano giorno dopo giorno sempre più certezza.
Il capitano Farragut dovette scendere a patti e il 2 novembre dichiarò che, se entro tre giorni non fosse stato avvistato il famigerato narvalo, la spedizione sarebbe stata dichiarata fallita e la nave sarebbe rientrata. I marinai trovarono ragionevole una simile proposta e, rincuorati dalle parole del capitano, ripresero a scrutare l'orizzonte.
I primi due giorni trascorsero lentamente senza che nulla accadesse; la sera dell'ultimo giorno Conseil e io eravamo sul ponte e naturalmente discutevamo del narvalo.
«Ned Land aveva ragione.» dicevo. «Non esiste nessun mostro e noi abbiamo buttato via sette mesi! Quante emozioni, quanto entusiasmo inutile! Avremmo potuto già essere a Parigi invece di correre dietro ai fantasmi...»
Conseil stava per rispondermi, quando la voce eccitata di Land si fece sentire: «Ecco la cosa che cerchiamo! Laggiù, sottovento al traverso».
In un attimo la nave si animò e l'intero equipaggio si riversò sul ponte, accanto al fiociniere. Mi pareva di non vedere nulla e per un attimo pensai che era stato l'ennesimo inganno ottico.

Poi nessuno di noi ebbe più dubbi perché, a due gomene dall'*Abramo Lincoln*, a tribordo, il mare pareva essersi illuminato dal basso. Non avevo dubbi, era il mostro che, pur essendo immerso, proiettava quel chiarore fosforescente molto intenso che altri prima di noi avevano potuto osservare e descrivere.
Uno degli ufficiali disse: «Secondo me si tratta di un agglomerato di molecole fosforescenti!».
«No, signore!» gli risposi. «Né le foladi né le salpe producono questo tipo di luce. Ma... attenzione! Si sposta, si lancia verso di noi!»
Un unico grido si levò dall'equipaggio.
«Silenzio!» ordinò il comandante. «Barra al vento, macchine indietro!» La nave descrisse un semicerchio virando a sinistra.
«Barra dritta, macchine avanti!» ordinò ancora il capitano. La fregata si allontanava velocemente dal mostro, ma questo la inseguiva senza fatica, addirittura le girò intorno e le passò sotto; con mia grande meraviglia continuavamo a fuggire.
«Non stupitevi di questa mia tattica, professor Aronnax...» spiegò Farragut. «Siamo alle prese con la più grande creatura mai vista e non voglio rischiare, di notte, la mia nave. Preferisco agire alla luce del sole, allora quel grosso mostro si accorgerà di chi avrà di fronte!».
Rimanemmo svegli sorvegliando le manovre del narvalo. Era circa l'una quando il mostro emise un sibilo assordante, simile a quello prodotto dalle balene.
«Non ho più dubbi.» commentò Land. «Si tratta del più grosso cetaceo che abbia mai visto; appena sorgerà il sole metterò in mare una scialuppa baleniera e andrò a dirgli un paio di paroline...»
«Ma non sarà pericoloso?» chiese il capitano.
«Certo, ma non se ne può fare a meno.»
Si attese l'alba preparando quanto occorreva per l'attacco finale; Land affilava il suo terribile arpione, desideroso di mettersi alla prova.

Alle otto, dissolta la nebbia, la nave prese ad avvicinarsi lentamente al mostro.
Potei osservarlo bene, era lungo circa ottanta metri; non riuscivo a stabilire la sua grossezza, ma mi parve mirabilmente proporzionato.
A bordo tutto era pronto e il comandante ordinò di mettere le macchine sotto pressione e di puntare diritti sul mostro. L'eccitazione era al massimo, la fregata puntò il cetaceo che parve non accorgersi di nulla.
Quando l'*Abramo Lincoln* arrivò a una mezza gomena di distanza, il narvalo prese un'andatura tale da mantenere costante la distanza.
Trascorsero così tre quarti d'ora e presto fu chiaro che non l'avremmo mai raggiunto.
«Ebbene, mastro Land?» gli chiese il capitano. «Volete sempre che metta in mare la scialuppa?»
«No, comandante, non servirebbe a nulla.»
«Che cosa possiamo fare secondo voi?»
«Forzate le macchine e inseguitelo, non potrà resistere a lungo!»
«Fate salire la pressione!» ordinò Farragut.
Presto l'*Abramo Lincoln* raggiunse i diciotto nodi e mezzo ma anche il maledetto animale filava a quella velocità.
Il capitano ordinò di aumentare al massimo la pressione e raggiungemmo così i diciannove nodi e tre decimi.
Dapprima ci sembrò di poter raggiungere il cetaceo, poi, come se niente fosse, l'animale si lanciò in avanti a una velocità di almeno trenta nodi, e fu chiaro che non l'avremmo mai preso.
«Sotto con il cannone, cinquecento dollari a chi bucherà quel maledetto mostro!» gridò esasperato il capitano. Si mise al pezzo un vecchio cannoniere, l'occhio acuto, la mano ferma. Prese la mira, sparò e lo colpì in pieno ma il proiettile non lo scalfì neppure.
«Lo inseguiremo in capo al mondo!» urlò Farragut. «Prima o poi si stancherà!»

Lo inseguimmo per tutto il giorno senza successo; la caccia ci logorava e l'equipaggio era tesissimo. Land, che stringeva fra le mani l'arpione, pareva ogni momento più impaziente.
Finalmente, verso le dieci di sera, lo vedemmo fermarsi e pensammo fosse sfinito. Era immobile, appena sotto il pelo dell'acqua e la luce che emetteva illuminava un buon tratto di mare.
Il capitano ordinò di avvicinarsi cautamente, Land riprese il suo posto sulle sottobarbe del bompresso e io insieme a Conseil mi sporgevo dal castello di prua facendo attenzione a non perdermi nulla.
Quando Land si trovò ad appena otto metri dal narvalo, scagliò con forza l'arpione che saettò nell'aria e cozzò violentemente contro l'animale producendo un suono duro e metallico.
Il chiarore si spense improvvisamente e due terrificanti colonne d'acqua si abbatterono sul ponte della fregata rovesciando al loro passaggio ogni cosa. L'urto fu tremendo e io precipitai in mare.
Appena ebbi toccato l'acqua mi ripresi e risalii in superficie, cercai subito l'*Abramo Lincoln* ma vidi, con sgomento, che si stava allontanando.
Invano agitai le braccia gridando aiuto, la nave era già troppo distante.
Fui preso dal panico e mi sentii perduto, sapevo che non sarei riuscito a resistere a lungo, e non avevo dimenticato che il mostro era nei paraggi.
Gli abiti mi impedivano di nuotare liberamente, sentii che non ce la facevo più, aprii la bocca per gridare aiuto ma si riempì d'acqua.
Finii sott'acqua, poi mi sentii afferrare vigorosamente da qualcuno che mi riportò in superficie.
«Se il signore avesse la compiacenza di appoggiarsi a me, starebbe più comodo.»
La voce di Conseil mi riportò alla realtà.
«Tu, qui?»

«Sì, signore. Vi ho visto cadere in acqua e vi ho seguito.»
«Ah, Conseil, Conseil, in che guaio ti ho cacciato! Ma la fregata… perché non ci hanno cercati?»
«Non conterei su questo, signore. Mentre mi tuffavo ho sentito gridare: 'L'elica e il timone sono rotti!'. Deve essere stata la spada del mostro, la nave è alla deriva…»
«Dio mio!»
«Ora è meglio che risparmiamo le forze: tenendoci a turno potremo resistere qualche ora in più.»
«A che pro, mio buon Conseil?»
«Ah, non permetto al signore di arrendersi, dobbiamo resistere fino all'ultimo, senza lasciarci abbattere!»
Rincuorato da quelle sagge parole cercai di collaborare ma dopo qualche ora, poteva essere l'una di notte, fui assalito dai crampi.
I dolori erano lancinanti e la vista mi si annebbiava; sentivo di avere le labbra gonfie, inoltre avevo molto freddo. Vedevamo stagliarsi lontana la sagoma dell'*Abramo Lincoln* e Conseil, anch'egli sfinito, lanciò un ultimo disperato grido. Nel silenzio della notte un altro grido rispose. Chi ci aveva udito?
Le mie forze erano allo stremo, mi pareva di non vedere più nulla e di scivolare nel buio; chiusi gli occhi e mi lasciai andare. Andai a cozzare contro qualcosa di duro, e capii che qualcuno mi stava trascinando fuori dall'acqua... Dei vigorosi massaggi mi riportarono alla realtà.
«Conseil…» mormorai.
«Eccomi, signore.»
Allora aprii gli occhi e lo vidi, accanto a lui distinsi un'altra figura, era Ned Land.
«Anche voi siete stato scaraventato fuori… Ma dove siamo?»
«Su una specie di isolotto galleggiante professore, o sul dorso del mostro se preferite!»

Mi alzai di scatto e mi guardai intorno; eravamo davvero su una sorta di battello sottomarino che aveva sì la forma di un pesce, ma indubbiamente quello che toccavo... era acciaio!
«Ma allora dentro ci sarà qualcuno, uomini e macchine, per forza…»
«Non lo so signore; quando caddi in acqua mi ritrovai vicino a questo "coso" e da allora, senza che io potessi vedere o sentire nulla, ha continuato a galleggiare lasciandosi andare alla deriva…»
«Se dentro ci sono degli uomini siamo salvi!» dissi io.
Ned mi guardò dubbioso: «Se davvero dentro ci sono degli uomini, non hanno dimostrato d'essere molto socievoli…».
«Facciamoci sentire...» suggerì Conseil.
Insieme battemmo i piedi sulla lastra d'acciaio, urlando con tutte le nostre forze. D'un tratto udimmo dei rumori provenire dall'interno, poi una piastra si sollevò e un uomo comparve. Ci guardò allibito, disse qualcosa in una lingua sconosciuta poi scomparve. Poco dopo otto uomini incappucciati ci vennero a prendere e ci trascinarono lungo una scaletta.
Ci portarono in una stanza buia e lì ci rinchiusero. Stanchi, sfiniti dalle ore passate in mare, gettati in quel luogo misterioso, non sapevamo più cosa pensare. Girando per la cella potei constatare che oltre alla porta non c'era nessun altro tipo d'apertura; più o meno al centro della stanza mi imbattei in un tavolo di legno e alcuni sgabelli.
Ned era furente perché si sentiva trattato peggio di un criminale; Conseil, come al solito, conservava il suo sangue freddo, e io capivo che l'unica cosa che potevamo fare era aspettare. Stavamo discutendo fra noi quando la stanza si illuminò a giorno accecandoci.

Dall'esterno continuava a non provenire nessun rumore e se non avessimo visto proprio con i nostri occhi quegli uomini, avremmo tranquillamente potuto pensare di essere completamente soli.

Trascorse forse un'altra mezz'ora che passammo in silenzio; finalmente udimmo dei passi, la porta si aprì ed entrarono due uomini.
Uno era piccolo di statura ma muscoloso, la capigliatura folta e nera, gli occhi scuri, attenti e penetranti. L'altro era molto più alto, il portamento distinto, lo sguardo sincero; aveva lineamenti regolari, quasi perfetti e un'eleganza naturale. Mi bastò un'occhiata per cogliere la calma, l'energia, la determinazione e il coraggio di quell'uomo.
Entrambi indossavano berretti di pelo di lontra marina e stivali di pelle di foca; i loro abiti, invece, di un tessuto a me sconosciuto, aderivano al corpo, lasciando piena libertà di movimenti.
Ci guardarono, poi si scambiarono delle battute in quella lingua che già avevo udito dal marinaio che ci aveva trovati e che mi era completamente sconosciuta.
In francese spiegai che non li capivo, poi su consiglio di Conseil raccontai chi eravamo e le nostre disavventure. Non mi risposero e sembrò che non mi avessero compreso. Allora Ned ripeté in inglese il medesimo racconto e aggiunse che avevamo fame: ma il risultato fu lo stesso.
Conseil, da buon fiammingo, ci riprovò in tedesco ma non accadde nulla. Dopo l'insuccesso di quest'ultimo tentativo, i due sconosciuti parlarono ancora tra loro e infine se ne andarono.
«Stiamo calmi...» dissi appena fummo soli. «Mi sembrano galantuomini…»
Ma Ned non la pensava come me: «Quelli sono delle canaglie, forse non sanno cosa vuole dire "mangiare" ma il gesto che ho fatto è conosciuto in tutto il mondo! Che razza di posto è mai questo?».
Come a smentire le sue parole, la porta si aprì di nuovo ed entrò un cameriere. Portò abiti caldi e asciutti, sempre tessuti con quella stoffa sconosciuta. Poi apparecchiò elegantemente la tavola, servì le vivande e se ne andò.

Affamati, ci gettammo sul cibo; c'era del pesce, cucinato in maniera raffinata ma anche altri manicaretti che gustavo per la prima volta. Notai che posate e stoviglie portavano una "N" circondata superiormente dal motto *Mobilis in mobile*, "mobile nell'elemento mobile", e la scritta ben si addiceva a quel battello sottomarino.
Finito di mangiare ci sentimmo improvvisamente stanchi, ci sdraiammo a terra, su un soffice tappeto e ci addormentammo di un sonno pesante e senza sogni.

Quando ci svegliammo eravamo ben riposati; l'aria della cabina, dapprima pesante, si rinnovò automaticamente.
Inutile nascondere che eravamo di nuovo affamati e questo fatto, unito alla prigionia cui eravamo costretti, mandava su tutte le furie l'impulsivo Ned che ci disse la sua idea.
«C'è un modo sicuro per andarcene da qui. Sapete che faremo? Ci sbarazzeremo di secondini e carcerieri, ci impadroniremo del battello e torneremo in patria...»
«Penso che sia assolutamente impossibile.» risposi.
«Ah, voi credete? Lasciate che si presenti l'occasione e poi vi farò vedere io!» incalzò Ned.
Non dissi nulla pensando che fosse meglio lasciar sbollire la sua collera. Più tardi arrivò il solito cameriere. Allora Land, senza preavviso, si scagliò contro di lui afferrandolo per il collo. Conseil e io ci buttammo sul fiociniere ma una voce profonda, chiara e sconosciuta ci bloccò.
«Calmatevi, Land! E voi, professore, abbiate la cortesia di ascoltarmi.» disse un uomo in un perfetto francese.
A quelle parole ci ricomponemmo, il cameriere se ne andò e quell'uomo, che avevo ammirato la sera precedente, in piedi, a braccia conserte, ci osservò con attenzione.

«Signori...» esordì ancora in francese. «Parlo il francese e altrettanto bene l'inglese e il tedesco, non vi ho risposto prima perché volevo conoscervi e riflettere. Spiacevoli circostanze vi hanno portato a turbare la mia pace, perché io ho rotto con l'umanità…»
«Vi abbiamo disturbato involontariamente…» sottolineai.
«Involontariamente, professore? È involontariamente che l'*Abramo Lincoln* mi dava la caccia? Involontariamente voi avete accettato di imbarcarvi? Involontariamente Land mi ha arpionato?»
«Signore, forse non sapete come l'opinione pubblica sia stata colpita dalle gesta di quello che pensavamo fosse un mostro che provocava simili danni, alle navi più robuste…»

L'uomo mi guardò con sarcasmo: «Professore, volete forse dirmi che se l'*Abramo Lincoln* avesse saputo che stava cercando un battello sottomarino, si sarebbe tirato indietro?».

Non seppi cosa ribattere.

«Sarebbe stato semplice lasciarvi al vostro destino...»

«Un uomo civile non dovrebbe dire questo!» lo interruppi.

«Ma io non sono "un uomo civile", vivo al di fuori dell'umanità per ragioni che soltanto io posso giudicare, per cui non appellatevi a me facendo leva su principi che non riconosco.»

Mi accorsi che faticava a mantenere il controllo della voce.

«Comunque...» riprese, «...ho convenuto che i miei interessi possono coincidere con la pietà cui ogni essere umano ha diritto. Resterete liberi, ma avrete delle condizioni da rispettare. Potrete girare per il sommergibile ma può darsi che avvenimenti imprevisti mi costringano a chiedervi di non lasciare le vostre cabine, anche per molte ore. Mi aspetto da voi un'obbedienza passiva.»

«Ma cosa intendete per libertà?» chiesi.

«La libertà di andare e venire, tranne che in alcune circostanze, senza però che possiate lasciare mai più il sommergibile!»

«Questa è crudeltà!» incalzai. «No, signori, è clemenza. Voi mi avete attaccato e siete venuti a violare un segreto che deve rimanere tale, per questo non vi farò tornare sulla terraferma.»

«Insomma dobbiamo scegliere tra la vita e la morte: non possiamo certo dare la nostra parola d'onore a una domanda formulata così.»

«Non la pretendo signore. Ma lasciatemi continuare; vi conosco di fama, professore, possiedo i libri che avete scritto sui fondali marini e le ritengo le opere più complete che siano mai state scritte. Vedrete, il mio sottomarino soddisferà la vostra curiosità, non rimpiangerete il tempo trascorso quaggiù.

Per voi sarò il capitano Nemo e voi siete sul *Nautilus*.

Ora, Land e voi, Conseil, potete raggiungere le vostre cabine, vi sarà servito il pranzo. Voi professore, invece verrete con me...»
Seguendo uno stretto corridoio arrivammo in sala da pranzo dove era già apparecchiato per due. Il cibo era squisito e il capitano Nemo mi spiegò che ogni cosa usata sul *Nautilus* proveniva dal mare: il cibo, il tessuto che era ricavato dal bisso di certe conchiglie, le tinture, alcuni mobili, l'inchiostro e le penne per scrivere.

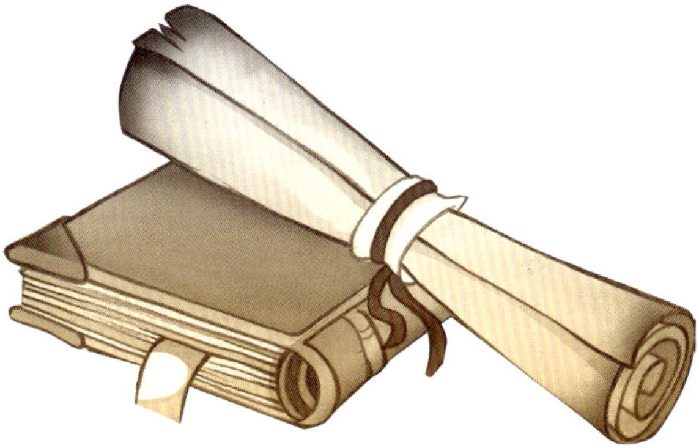

«Tutto viene dal mare e ogni cosa tornerà a esso...» commentò il capitano Nemo.
Poi ci spostammo in un'altra sala che era la biblioteca, ricca di ben dodicimila volumi.
Il locale, caldo e accogliente, era arredato con comodi divani marrone, leggii e un ampio tavolo anch'esso carico di libri.
l capitano Nemo aveva comprato tutto quello che gli serviva e dal giorno in cui si era immerso era come se l'umanità non avesse scritto altro.
Un salone attiguo, lungo dieci metri e largo sei, era stato adibito a museo. Qui erano esposte decine di opere d'arte, riconobbi alcuni dipinti di Leonardo, Raffaello, Tiziano, ammirai splendide conchiglie e altre rarità naturali.

Infine mi condusse a vedere la mia cabina, una stanza molto elegante in cui avrei avuto ogni comodità.
Quella del capitano era attigua alla mia e me la mostrò. Aveva un aspetto severo, quasi monastico; appesi alle pareti vidi degli strumenti che mi illustrò.
Poi mi spiegò che l'anima del *Nautilus* era l'elettricità, grazie alla quale poteva illuminare, scaldare e far funzionare il sommergibile.
Mi mostrò anche il disegno del *Nautilus*: era lungo esattamente settanta metri con un diametro massimo di otto metri; la sua forma allungata, simile a un sigaro, lo rendeva notevolmente aerodinamico perché l'acqua spostata non opponesse un'eccessiva resistenza.
Il sommergibile poteva raggiungere l'incredibile velocità di cinquanta miglia orarie!
Scoprii che il capitano Nemo era un ingegnere e per costruire il *Nautilus* aveva fatto arrivare i singoli pezzi da tutto il mondo.
Poi, su un isolotto disabitato, sotto la direzione del capitano, erano stati messi insieme e infine ogni traccia era stata cancellata dal fuoco.
«Dovete essere molto ricco, signore...» commentai.
«Dite pure che sono ricco all'infinito, professore.»
Poco dopo il capitano mi lasciò nello splendido salone e io rimasi seduto, ancora affascinato dalle meraviglie che avevo visto e udito.
Presto Land e Conseil mi raggiunsero; anch'essi rimasero stupiti dalla magnifica collezione.
Il fiociniere mi tempestò di domande, voleva sapere tutto sul *Nautilus* perché il suo principale desiderio rimaneva sempre quello di fuggire.
Stavamo discutendo animatamente, quando la luce si spense e piombammo nell'oscurità completa. Sentimmo un rumore simile allo scorrere di pannelli e improvvisamente sui lati del salone si aprirono due aperture oblunghe e l'acqua, tutt'intorno, fu rischiarata dalla luce prodotta dall'elettricità.

Stavamo immobili davanti allo stupefacente spettacolo che la natura ci offriva, vedevamo passare pesci d'ogni tipo, splendidi nelle loro livree: ammirammo lo *sgombro giapponese*, le *beccacce di mare*, lunghe fino a un metro, le *murene*, serpenti lunghi circa due metri con la bocca irta di denti acuminati, le *razze cinesi* e altre meraviglie ancora. Era uno spettacolo incredibile!
Rimanemmo a guardare più di due ore, incantati dalla bellezza di quanto ci circondava; poi i pannelli si richiusero e la luce tornò a illuminare il salone.
Ci ritirammo, estasiati da tanta bellezza nelle nostre cabine.
Mi aspettava la cena, squisita come sempre, e dopo aver letto e scritto per qualche tempo, mi coricai sul mio materasso di alghe zostera e mi addormentai profondamente.

I giorni successivi mi riservarono una sorpresa dietro l'altra; ero felice di studiare tutte le meraviglie del salone e di poter disporre di quei testi scientifici, alcuni dei quali mi erano sconosciuti, ma la vista dei fondali marini era ogni volta uno spettacolo meraviglioso.

Il 16 novembre il capitano Nemo mi invitò a una battuta di caccia nelle foreste dell'isola di Crespo, che sulla carta pareva un minuscolo scoglio del Pacifico. Se inizialmente i miei compagni e io avevamo pensato di scendere a terra, dovemmo presto ricrederci. Infatti, si trattava di una specialissima caccia sottomarina. Mastro Land si rifiutò di seguirci ma Conseil e io, con il capitano Nemo e uno dei suoi uomini, indossammo lo scafandro, uno speciale casco provvisto di tre oblò, e delle bombole che ci garantivano ossigeno per circa dieci ore. Alla cintura avevamo una pila e come arma un fucile ad aria compressa.
Così bardati e terribilmente pesanti all'interno del *Nautilus*, fummo spostati in una piccola camera che fu aperta per essere allagata.

In acqua diventammo leggeri, secondo quanto sosteneva anche la legge d'Archimede, così potemmo esplorare, a una decina di metri di profondità, quel tratto di fondale marino.
Camminavamo su una sabbia fine e compatta, intorno a noi la vita pulsava, branchi di pesci ci sfioravano, polpi ed echinodermi si abbandonavano al suolo, ciuffi di corallo bianco e anemoni di mare tappezzavano larghi spazi.
La luce del sole scendeva fino a lì, accendendo tutto di mille riflessi.
Ci vollero parecchie ore per raggiungere la foresta che mi colpì per la disposizione di quegli arbusti che seguivano una linea rigidamente verticale.

All'interno della foresta scorsi siepi di *zoofiti*, ciuffi di *cariofile*, mazzi di *zoantarie* e decine di *pesci mosca.*
Fu una giornata indimenticabile e quando tornai sul *Nautilus*, pur essendo sfinito, ero profondamente grato al capitano Nemo per quello che avevo potuto ammirare.
Anche Conseil era entusiasta e il giorno dopo ne parlò a Ned con fervore, anche se il fiociniere non volle mostrarsi pentito d'aver rinunciato a una simile opportunità.
Land più di tutti soffriva per la forzata prigionia: gli mancavano le passeggiate all'aria aperta, gli amici, il vino... Non era interessato allo studio e si annoiava. Conseil invece trovava istruttivo quel viaggio e non si lamentava mai.

Eravamo alla fine dell'anno e il *Nautilus* aveva percorso più di 4860 leghe. Ai primi di gennaio avvistammo la Papuasia.
Il capitano Nemo aveva intenzione di attraversare lo stretto di Torres che divide la Nuova Olanda dalla Nuova Guinea ed è considerato pericoloso sia per gli scogli che vi sono disseminati, sia per le tribù in-

digene selvagge che popolano quelle terre. Purtroppo ci incagliammo ma il capitano non perse la calma e quando lo interrogai mi rispose: «Nello stretto di Torres il dislivello fra alta e bassa marea è di circa un metro e mezzo. Oggi è il 4 gennaio, e fra cinque giorni avremo la luna piena. Sarei molto stupito se la Luna non sollevasse le acque per permettermi di riprendere il viaggio!».

Nell'attesa Land chiese al capitano il permesso di scendere a terra così ce ne andammo a esplorare un isolotto che ci regalò banane e noci di cocco e della selvaggina che rese felice Land.

Ce ne stavamo tranquilli sulla spiaggia ad arrostire la carne quando fummo attaccati dagli indigeni. Corremmo al canotto e risalimmo sul *Nautilus*. Avvertii il capitano della presenza degli indigeni ma non se ne preoccupò minimamente.

Il giorno successivo i selvaggi si erano centuplicati. Se ne stavano sulla spiaggia tenendoci sotto tiro.

Quando più tardi li vidi avvicinarsi con le piroghe, avvertii di nuovo il capitano Nemo. Egli fece chiudere i boccaporti e io udii benissimo i Papua camminare sul *Nautilus* avanti e indietro, cercando un'apertura. L'indomani avremmo dovuto disincagliarci ma sarebbe stato necessario aprire il sommergibile per rinnovare l'aria. Il capitano Nemo mi disse ancora una volta di non preoccuparmi ma confesso che quella notte non dormii.

Il giorno successivo alle due e quaranta, come il capitano aveva calcolato, l'alta marea disincagliò il *Nautilus*, i boccaporti furono aperti e vedemmo i selvaggi precipitarsi lungo la scaletta, urlando come ossessi.

Quando il primo toccò la scaletta fu ributtato indietro, lo stesso accadde agli altri. Mastro Land provò a sfiorarla e una scarica fortissima lo scagliò indietro: una barriera elettrica ci proteggeva!

Il *Nautilus*, ormai libero, abbandonò il suo letto di corallo, così lasciammo lo stretto di Torres.
Nel corso dei nostri spostamenti, il capitano Nemo mi coinvolse in un esperimento che conduceva per stabilire le diverse temperature del mare alle varie profondità; appurammo che alla profondità di mille metri avevamo una temperatura costante di quattro gradi e mezzo, sotto ogni latitudine.

Registravo i nostri spostamenti sul mio diario e il 28 febbraio scrissi che eravamo nei pressi di Ceylon, famosa perché nelle sue acque si pescavano le perle più pregiate. Questa volta il capitano Nemo ci invitò proprio alla pesca delle perle, e persino Ned decise di accompagnarci.
Indossati gli scafandri, seguimmo il capitano che si dirigeva sicuro verso un punto preciso. Arrivammo a una grotta, vi entrammo e dopo aver percorso un pendio molto ripido, i nostri piedi si posarono su una pista circolare.
Il capitano Nemo ci indicò un punto, allora vidi un'ostrica gigantesca, larga circa due metri. Il capitano si avvicinò, mise il suo pugnale nella conchiglia per tenerla sollevata poi alzò la tunica membranosa e sfrangiata lungo i bordi che formava il mantello dell'animale.
Là, fra le pieghe carnose, ammirai la perla più grossa e perfetta che avessi mai visto. Grande come una noce di cocco: avrei voluto accarezzarla ma il capitano tolse il pugnale e le valve si richiusero. Compresi i progetti del capitano, conoscendo soltanto lui l'esistenza di quella gigantesca tridacna, poteva permettersi di aspettare che crescesse ancora.

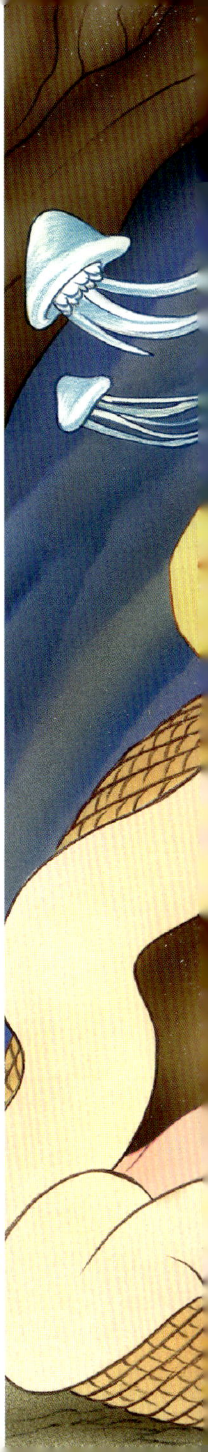

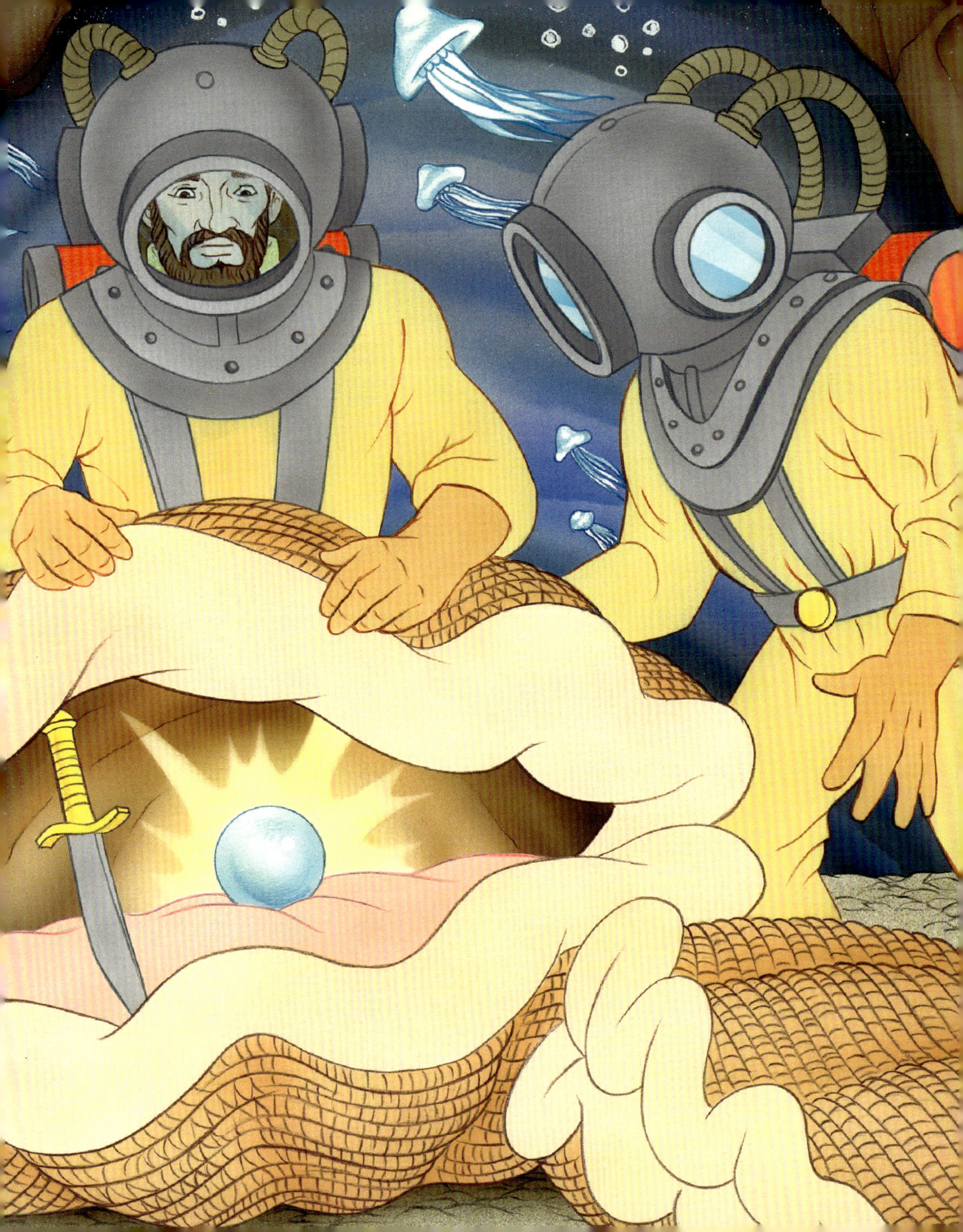

Un giorno avrebbe potuto cogliere quello splendido frutto della natura e metterlo fra le meraviglie del suo museo.
Indubbiamente il mare offriva al capitano Nemo delle ricchezze inestimabili e pressoché inesauribili. Conosceva i fondali marini come un navigatore di superficie conosce i continenti, era il signore assoluto laggiù, il padrone incontrastato di quel regno sommerso e nessuno avrebbe potuto prenderne il posto o competere con lui.
Un'ulteriore dimostrazione della sua perfetta conoscenza degli abissi ce la diede qualche giorno più tardi quando ci comunicò che saremmo passati dal mar Rosso al Mediterraneo attraverso un tunnel sottomarino che lui aveva scoperto. Ero stato invitato dal capitano nella torretta del pilota, così potei assistere all'eccezionale attraversata.

Grazie alla potente illuminazione, vedevo vividamente il mare che si apriva davanti a noi. Iniziammo a bordeggiare un'alta muraglia: era il basamento incrollabile del massiccio sabbioso della costa.
Lo seguimmo per oltre un'ora e questo mi permise di ammirare magnifiche strutture di coralli, di zoofiti, di alghe e tanti crostacei che, disturbati, correvano a nascondersi in ogni anfratto. A un tratto si aprì davanti a noi una larga galleria nera e profonda; lungo i fianchi udii un rumore insolito: erano le acque del mar Rosso che la pendenza faceva precipitare in quelle del Mediterraneo.

Il *Nautilus* per contrastare la forza dell'acqua che lo spingeva in avanti troppo velocemente, faceva funzionare l'elica al contrario; in venticinque minuti raggiungemmo il Mediterraneo.
Se per me era piacevolissimo continuare quella crociera veramente straordinaria, capivo che per Land stava diventando insostenibile. Continuava a progettare piani di fuga ed era sempre più difficile tenerlo calmo.

Il capitano Nemo pareva non accorgersi di nulla, a volte non si faceva vedere per giorni, altre lo sentivo come lamentarsi, chiuso nella sua cabina.
Spesso rimaneva nel salone per ore, perso nei suoi pensieri. Non avevo scoperto la sua nazionalità né la sua storia, non sapevo perché odiasse l'intera umanità; ritenevo che soltanto il caso mi avrebbe aiutato a scoprire la verità.

Intanto, lasciato il Mediterraneo, ci dirigemmo velocemente verso l'Atlantico; navigavamo apparentemente senza una meta precisa o più esattamente il capitano Nemo non ci forniva mai nessuna spiegazione né ci metteva a parte dei suoi progetti.

Intorno al 20 aprile giungemmo all'arcipelago delle Bahama; eravamo a millecinquecento metri di profondità e dai pannelli aperti scorgevamo alti dirupi in cui si aprivano immense grotte che neppure i potenti riflettori del *Nautilus* riuscivano a illuminare sino in fondo.
«Queste grotte ben si adattano alle piovre...» commentai rivolto a Land e Conseil che mi facevano compagnia nel salone.
«Mi piacerebbe vederne una…» disse il mio servitore. Erano forse trascorsi cinque minuti da quelle parole quando Conseil gridò: «Presto, guardate! Ecco uno di quei mostri!».
Ned e io ci precipitammo alla vetrata; davanti ai nostri occhi si agitava un calamaro enorme, lungo otto metri, che veniva verso il *Nautilus* marciando all'indietro. I suoi otto tentacoli erano lunghi il doppio del suo corpo. Potevamo vedere le sue duecentocinquanta ventose a forma di capsule semisferiche, disseminate lungo la parte interna dei tentacoli, che s'appoggiavano alla vetrata; la bocca del mostro, munita di un becco corneo simile a quello dei pappagalli, cercava di rompere il cristallo.

Altre sei spaventose piovre si erano unite alla prima e con un simile corteo andavamo avanti. Eravamo intenti a guardare quei mostri, quando udimmo un cozzo spaventoso e il sommergibile si bloccò.
Subito dopo il capitano Nemo ci raggiunse. «Le mandibole cornee di uno di questi calamari sono rimaste impigliate fra le pale e l'elica si è inceppata; dobbiamo risalire in superficie e sbarazzarci di questa robaccia.»
Insieme ci appostammo vicino al boccaporto; quando il *Nautilus* riemerse, un marinaio iniziò a svitare i bulloni del boccaporto che invece, con estrema violenza, si aprì da solo, risucchiato dalle ventose di una piovra. Un lungo e viscido tentacolo ci raggiunse all'interno mentre altri venti si agitavano sopra di noi. Il capitano, con un colpo d'ascia, lo tranciò di netto. Ma altri due tentacoli si insinuarono lungo il passaggio e uno di essi avvinghiò saldamente un marinaio trascinandolo fuori.
Ci precipitammo in suo aiuto mentre il poveretto gridava disperato; brandimmo le asce per cercare di liberarlo, sette tentacoli erano già stati tagliati quando l'animale ci schizzò addosso una colonna di liquido nerastro che ci investì accecandoci. Quando ci riprendemmo, lo sventurato era scomparso.
Ma intanto altre piovre ci avevano raggiunto e dovemmo continuare a difenderci, dimenando l'ascia come forsennati. L'aria si era impregnata di un forte odore di muschio, finalmente i mostri, vinti, mutilati o feriti mortalmente ci lasciarono in pace e scomparvero. Il capitano Nemo, sporco di sangue, fissava piangendo il mare che aveva inghiottito un suo compagno.
La perdita del marinaio lo gettò in uno sconforto tale che per settimane non lo vedemmo. Pareva che il *Nautilus* si fosse trasformato in un sommergibile fantasma e solamente Ned, Conseil e io ci ritrovavamo per farci un po' di compagnia e sorreggerci l'un l'altro.

Il 30 maggio eravamo in vista di Land's End, la punta estrema dell'Inghilterra. Due giorni dopo, mentre il *Nautilus* era in superficie e Ned Land scrutava il mare, notò in lontananza una nave. Anch'essa ci vide perché ci puntò.
Land avrebbe voluto buttarsi subito in mare. «È una nave da guerra!» disse. «Non posso riconoscere la nazionalità perché la bandiera non è issata ma in cima all'albero di maestra vedo sventolare una lunga fiamma. Se passerà a un solo miglio da noi, mi butterò in mare e dovrete farlo anche voi!»
Intanto la nave si era avvicinata e una prima cannonata confermò che ci avrebbero attaccato. «Facciamo dei segnali...» propose Ned. «Devono sapere che qui c'è anche gente onesta.» Il canadese agitò un fazzoletto.

In quel momento il capitano Nemo lo raggiunse e lo gettò a terra.
«Vuoi che ti attacchi allo sperone del *Nautilus* prima di lanciarlo contro quella nave?» La sua voce e il suo volto erano trasfigurati dall'odio. «Nave maledetta!» continuò. «Allora tu sai chi sono! Ecco, ti mostrerò la mia bandiera!» e spiegò una bandiera nera su cui spiccava una "N" in oro.
«Scendete tutti nel *Nautilus*!» urlò.
«Volete colare a picco quella nave?» gli chiesi.
«Certo che sì! Mi hanno attaccato e la mia risposta sarà terribile!»
«Di che nazionalità è quella nave?»
«Ancora non lo sapete? Tanto meglio, rimarrà un segreto, scendete ora.»
Non ci restò che ubbidire.
Capimmo che il *Nautilus* si allontanava per mettersi fuori dalla portata dei cannoni ma il capitano Nemo si accontentava di mantenere le distanze.

Volli ancora intervenire ma il capitano mi interruppe gridando: «Io sono la giustizia, io sono l'oppresso e quelli gli oppressori. Sono loro che mi hanno tolto tutto ciò che amavo: la patria, i miei genitori, mia moglie, i miei figli... tutti ho visto morire, e tutto ciò che odio è là!».

I miei compagni e io non potevamo renderci complici della vendetta del capitano Nemo, decidemmo così di fuggire, anche a costo di non farcela.
Eravamo dunque pronti a buttarci in mare quando il *Nautilus* si immerse. Il piano del capitano era molto semplice, infatti, il sommergibile passò sotto la chiglia della nave, la speronò e la nave colò a picco. Potei assistere al terribile spettacolo insieme al capitano, il cui sguardo era quello di un giustiziere implacabile.
Quando tutto fu finito lo vidi entrare nella sua camera e sentii che singhiozzava.

Il *Nautilus* riprese il suo vagabondare ma ormai anche il mio unico desiderio era di fuggire; il capitano Nemo trascorreva il suo tempo in solitudine e soltanto Ned, Conseil e io ci incontravamo nel salone. Avevamo deciso di impossessarci del canotto e tentare la fuga, ovunque fossimo.
L'occasione ideale si presentò, puntualissima, una ventina di giorni più tardi.
Il sommergibile era risalito per il solito ricambio d'aria, non avevamo idea di dove fossimo ma Land aveva scorto una terra a venti miglia verso Est. Vestiti con gli abiti più pesanti, il mio prezioso manoscritto nascosto sul petto, eravamo sul ponte del *Nautilus* e il canadese stava già svitando i bulloni che tenevano fisso il canotto nel suo alloggiamento, quando udimmo delle voci all'interno che si chiamavano animatamente.

«Forse siamo stati scoperti!» esclamai.
«Ormai nessuno ci potrà fermare, piuttosto moriremo…» mi rispose Land.
Ma una parola, ripetuta più volte dai marinai, mi risultò a un tratto nella sua spaventosa chiarezza: «Il *Maelstrom*! *È il Maelstrom!*» urlavano.
Eravamo dunque vicino alle coste norvegesi là dove, quando sale l'alta marea, le acque si precipitano fra le isole Faroe e Lofoten con una violenza incontrollabile tanto che si forma un vortice a cui nessuno può sfuggire.
Un fenomeno imponente e davvero incredibile!
Allora, da ogni punto dell'orizzonte convergono ondate colossali che formano un gorgo chiamato dagli indigeni "l'ombelico dell'oceano", la cui forza di attrazione si allarga per almeno quindici chilometri tutt'intorno.
Ecco dov'era finito il *Nautilus*, forse portato là involontariamente o magari volontariamente, dal disperato e misterioso capitano Nemo.
Intanto il sommergibile seguiva una spirale sempre più stretta e noi cercammo di rimanere attaccati al battello aspettando di mettere in mare il canotto.
I continui movimenti di rotazione mi causavano vertigini, sudavo freddo e mi pareva di svenire da un momento all'altro.
Infine, un colpo più forte ci sbalzò via insieme al canotto.
Sbattei violentemente la testa contro qualcosa di duro e persi conoscenza.

Non so dire cosa accadde, non so spiegarmi come il Maelstrom non ci abbia inghiottiti, so che mi risvegliai nella capanna di un pescatore dell'isola Lofoten; i miei due compagni erano accanto a me, sani e salvi...

Dovemmo aspettare due mesi prima che passasse il battello che andava verso sud; impiegai quel tempo per scrivere la storia di questo meraviglioso e drammatico viaggio.
Forse non sarò creduto, ma non m'importa, perché io so di aver percorso in dieci mesi ventimila leghe fra le meraviglie del mare.
Che ne sarà stato del *Nautilus*?
Sarà ancora vivo il capitano Nemo?
Potremo mai conoscere la sua vera storia?
Spero ardentemente di sì, come spero che l'odio e la sete di vendetta, così presenti nel suo cuore, possano essersi placati; che la contemplazione del suo regno d'adozione, così ricco di meraviglie, possa aver estinto la rabbia che lo divorava.

Prego, affinché possa aver trovato quella pace che il suo animo tormentato cercava disperatamente...

Admiral
Benbow

Robert Louis Stevenson

L'Isola del Tesoro

Molti anni fa, quand'ero ancora un ragazzo, mio padre possedeva una locanda sul mare, la Locanda *dell'Admiral Benbow.*

Un giorno, lo ricordo come se fosse ieri, arrivò da noi un vecchio marinaio. Si appoggiava a un bastone e arrancava sotto il peso di un grosso baule. Appena vide l'insegna della locanda lasciò andare un fischio e si mise a intonare una canzone marinara che in seguito gli sentii cantare spesso, e che diceva:

"Quindici uomini sulla cassa da morto...
Yo-oh-oh, e una bottiglia di rum!"

Entrò rumorosamente, e senza tanti complimenti chiese subito da bere. Mentre assaporava il rum pareva guardarsi attorno soddisfatto.
«Bel posticino!» disse a mio padre. «Di' un po', c'è movimento da queste parti?»

Quando seppe che la locanda non abbondava di clienti, il vecchio si decise a restare.
«Ah, allora è perfetto per me!» esclamò. «Mi fermo qui. Ehi, tu...» gridò al facchino. «Portami di sopra il baule.»
Lanciò sul bancone tre o quattro monete d'oro.
«Fammi sapere quando finiscono.» aggiunse rivolto a mio padre, con il tono di chi è abituato a comandare.
Quel giorno non riuscimmo a scoprire molto altro sul nuovo ospite. Non ci rivelò il suo nome, disse soltanto che potevamo chiamarlo il Capitano.
Il Capitano era un uomo silenzioso. Se ne stava tutto il giorno a zonzo nella baia o sulle scogliere a scrutare il mare con il suo cannocchiale d'ottone, e quando tornava domandava sempre se per caso avevamo visto passare qualche marinaio. All'inizio credevamo che cercasse la compagnia di un altro lupo di mare, ma poi capimmo che faceva di tutto per evitarla.
Una mattina mi prese da parte e promise di darmi una moneta d'argento ogni mese se tenevo gli occhi aperti per lui. «Jimmy...» mi sussurrò. «Se vedi arrivare un marinaio con una gamba sola, vieni subito ad avvisarmi!»
Io ero così ossessionato da quella figura misteriosa che finii per sognarmela anche di notte: incubi tremendi in cui una creatura mostruosa con una gamba sola mi fissava con occhi diabolici. Ah, quanto pagai cara la mia ricompensa!
I mesi passavano e non arrivava nessuno.

Il Capitano era un uomo che incuteva un certo timore. Sembrava aver messo radici alla locanda: mangiava, beveva (oh, quanto beveva!) e quando era ubriaco raccontava con il suo vocione spaventose storie di pirati, tempeste e naufragi. Ma aveva la pessima abitudine di non

pagare il conto, e a mio padre, che già era debole di salute, mancava il coraggio di chiedergli altri soldi.
"Quest'uomo sarà la nostra rovina..." pensavamo ormai tristemente in famiglia.

La nostra vita, a ogni modo, procedeva tranquilla, finché in una fredda mattina di gennaio la porta della locanda si aprì e un uomo alto e pallido, che non avevo mai visto, entrò nel salone. Io stavo apparecchiando il tavolo per il Capitano, che non era ancora rientrato dai suoi vagabondaggi. Lanciai un'occhiata allo sconosciuto e vidi che appesa al fianco portava una sciabola corta e che alla mano sinistra aveva due dita in meno. "Due dita non sono una gamba..." pensai, tirando un sospiro di sollievo.
«La colazione è per il mio amico Billy Bones?» mi domandò l'uomo con un sorrisetto.
Risposi di no, che era per un ospite che si faceva chiamare il Capitano.
«Il Capitano, certo, è lui. E dov'è che lo trovo?» mi domandò con voce tagliente.
«È fuori, ma tornerà presto!» mi azzardai a dire.
«Bene...» replicò il marinaio con un ghigno. «Vorrà dire che gli faremo una bella sorpresa.» E prendendomi per un braccio mi trascinò con sé in un angolo buio della stanza. Io ero a dir poco spaventato, ma anche lui, malgrado i modi spavaldi, stranamente sembrava aver paura.
Quando infine il Capitano rientrò e andò dritto verso il tavolo, l'uomo lo chiamò per nome.
«Ciao, Billy.» disse gelido, uscendo allo scoperto.
Il vecchio si voltò di scatto e divenne bianco come un cencio.
«Cane Nero!» esclamò sorpreso.
«Lasciaci soli, ragazzo...» mi ordinò l'uomo senza due dita.

Da dietro la porta chiusa, sentii che si erano seduti e avevano iniziato a parlare sottovoce. Per un bel po' udii solo flebili mormorii, finché all'improvviso la stanza esplose di urla e imprecazioni, e il tavolo si rovesciò a terra con fragore.

Entrai di corsa, appena in tempo per sentire un urlo di dolore e vedere che Cane Nero fuggiva via dalla locanda con l'arma ancora sguainata e una spalla sanguinante.

Il Capitano reggeva in mano un pugnale. Era livido in volto e aveva gli occhi sbarrati. Mi chiese del rum, ma a me non sembrava una buona idea.

Per fortuna proprio in quel momento arrivò alla locanda il dottor Livesey, venuto a visitare mio padre.

«Altro che rum!» disse scuotendo la testa. «Quest'uomo ha appena avuto un infarto. Portiamolo di sopra, ha bisogno di riposo.»

Quando poco dopo salii dal Capitano per portargli l'acqua e le medicine, lo trovai un po' meglio, ma ancora debole.

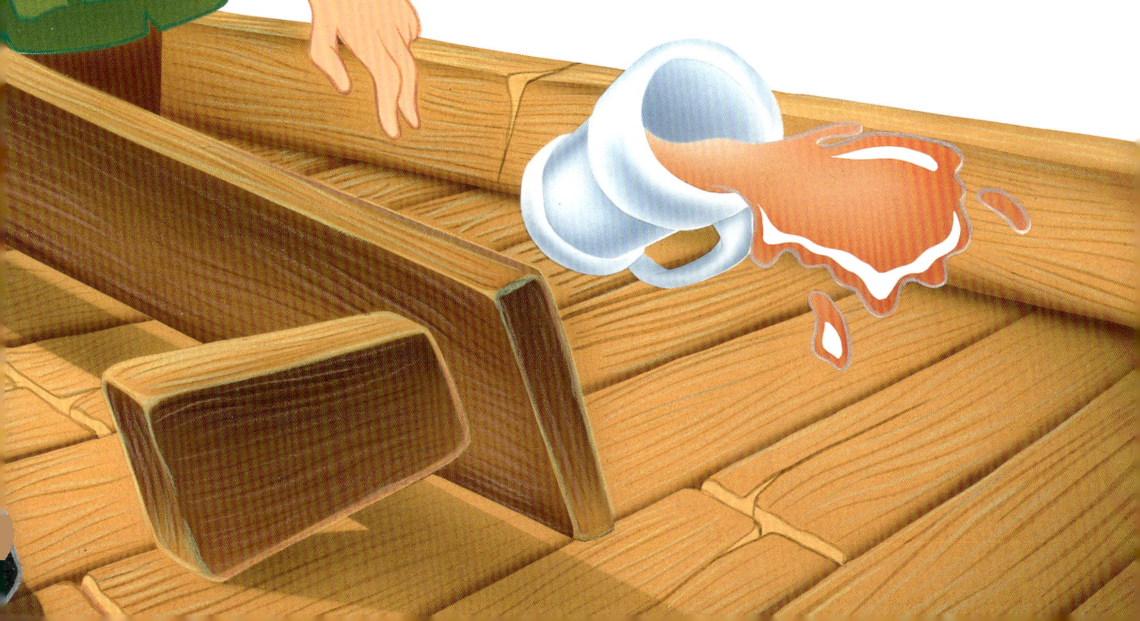

«Jimmy...» mi confessò sottovoce. «Un tempo io ero il comandante in seconda della nave del Capitano Flint, il famigerato pirata. Hai visto Cane Nero? L'hanno mandato qui i miei vecchi compagni perché io sono l'unico che sa dove si trova il tesoro di Flint. È il mio baule che vogliono! Ma tu non devi permetterlo. Se mi danno il marchio nero, devi correre immediatamente ad avvisare il dottore e le guardie, promettimelo! Ma fino ad allora, mi raccomando, acqua in bocca o sarà peggio per te!»
Il Capitano era stato un feroce pirata! Ero così spaventato che promisi solennemente. Ma quella stessa notte ebbi un grande dolore: morì mio padre, e le parole del vecchio marinaio mi scivolarono via dalla mente…

Il giorno dopo il funerale me ne stavo sull'uscio della locanda a pensare tristemente al mio caro padre, quando vidi sopraggiungere un vecchio gobbo che avanzava a fatica aiutandosi con un bastone. Era avvolto in un mantello, e sotto il cappuccio portava una benda che gli copriva gli occhi.
«Sono cieco...» ripeteva. «E non so più dove mi trovo.»
«Siete alla locanda dell'*Admiral Benbow*, buonuomo.» gli risposi avvicinandomi. «A Black Hill Cove, vicino a Bristol.»
Con una mossa fulminea, il vecchio mi afferrò con forza il polso, lasciandomi di stucco.
«Portami da Billy Bones!» mi disse sogghignando. «Portami da lui o giuro che ti spezzo il braccio.»
Stringeva così forte che non potei far altro che obbedire.
Quando il Capitano lo vide si irrigidì e il suo volto divenne di un pallore mortale.
Il vecchio cieco si avvicinò al letto e mise qualcosa nella mano del marinaio.

«Ecco fatto!» disse, e senza aggiungere altro uscì dalla stanza con sorprendente agilità.
«Il *marchio nero*, mi hanno dato il marchio nero…» esclamò il Capitano completamente sconvolto. «Alle dieci! Quindi ho soltanto sei ore per sfuggirgli!»

Un attimo dopo ansimava, e portandosi una mano alla gola vacillò qualche istante e infine rotolò giù sul pavimento.
Allarmato, corsi subito a chiamare mia madre. Ma invano, perché Billy Bones era già morto: un fatale colpo apoplettico aveva messo improvvisamente fine alla sua vita avventurosa.
A quel punto io e la mamma capimmo di trovarci in una posizione pericolosa: il Capitano ci doveva dei soldi, ma era improbabile che i suoi feroci compagni rinunciassero a parte del loro bottino per saldare i suoi debiti.
«Cerchiamo la chiave del baule!» propose allora mia madre, terrorizzata ma decisa a ottenere giustizia. «Prenderemo soltanto ciò che ci spetta, nulla di più.»
Trovata la chiave, che pendeva dal collo del morto, la mamma aprì

con cautela il baule e vi trovò dentro un cambio di abiti nuovi e una gran varietà di oggetti di scarso valore. Frugò bene fino in fondo, con una certa impazienza, finché non tastò un sacchettino di monete e un plico avvolto nella tela cerata: dovevano essere le carte che cercavano i pirati!
La mamma contava le monete che il Capitano le doveva, quando udimmo un rumore crescente di passi avvicinarsi alla locanda. I pirati stavano tornando, e in gran numero!
«Jimmy, scappiamo... Mi sento svenire!» mormorò mia madre prima di accasciarsi contro di me per la paura.
Un attimo dopo mi infilavo in tasca il plico misterioso e trascinavo la mamma al sicuro fuori dalla locanda. Rimasi nascosto lì fuori con lei per un po', ma la curiosità era più forte della paura e decisi di avvicinarmi.
Vidi sette o otto uomini, tra cui il vecchio cieco, entrare furiosi nella locanda e, quando si accorsero che il baule era stato svuotato, sentii che sfogavano la loro rabbia spaccando ogni cosa. La nostra povera casa!

Tutto quel fracasso e quelle grida attirarono però l'attenzione di un gruppo di guardie a cavallo, che arrivarono di gran carriera e misero in rotta i pirati. Tutti tranne Pew, il vecchio cieco, che con mio grande orrore perse l'orientamento e finì calpestato dagli zoccoli dei cavalli.
«Presto, devo parlare con il magistrato, il dottor Livesey. Portatemi da lui!» dissi alle guardie, dopo essermi assicurato che mia madre stava bene.

Quella sera il dottore era a cena dal cavalier Trelawney, il signorotto del villaggio. Appena mi vide mi sorrise gentile. «Jimmy Hawkins!» esclamò. «Cosa ti porta da queste parti?»

Senza perdere tempo, raccontai loro tutta la storia e consegnai il plico trovato nel baule. «È questo che cercavano i pirati!» dissi con foga. Il dottore allora aprì con grande cautela la cerata, che conteneva un quaderno e un foglio di carta sigillato.

Fu subito chiaro che il quaderno era una sorta di libro contabile delle sue "eroiche" malefatte: lì il truce Flint aveva diligentemente appuntato i nomi delle navi affondate e delle città saccheggiate.
Ma fu il foglio a lasciarci senza fiato, perché all'interno trovammo disegnata la cartina di un'isola.
Una mappa.
La osservammo a lungo, maneggiandola con attenzione. Notammo che erano state tracciate tre croci rosse, due a nord e una sudovest, e sotto l'ultima era stata aggiunta con mano sicura a caratteri minimi la scritta: "Qui è sepolto il grosso del tesoro".
Gli occhi del signor Trelawney sprizzavano felicità.
«Livesey, Jimmy!» esclamò. «Incredibile! Un tesoro! E sarà nostro! Bene. Domani stesso partirò per Bristol. Datemi soltanto tre settimane e vi farò avere la migliore nave e il miglior equipaggio di tutta l'Inghilterra. Oh, un tesoro!»

Anche il dottore era raggiante.
«Sì, il tesoro è di chi lo trova, e grazie a questa mappa saremo noi a trovarlo. Ma mi raccomando, è un segreto: non bisogna farne parola con nessuno. E conoscendo la vostra lingua lunga, amico mio…»
Trelawney annuì tutto serio. «Sarò muto come una tomba, promesso.»

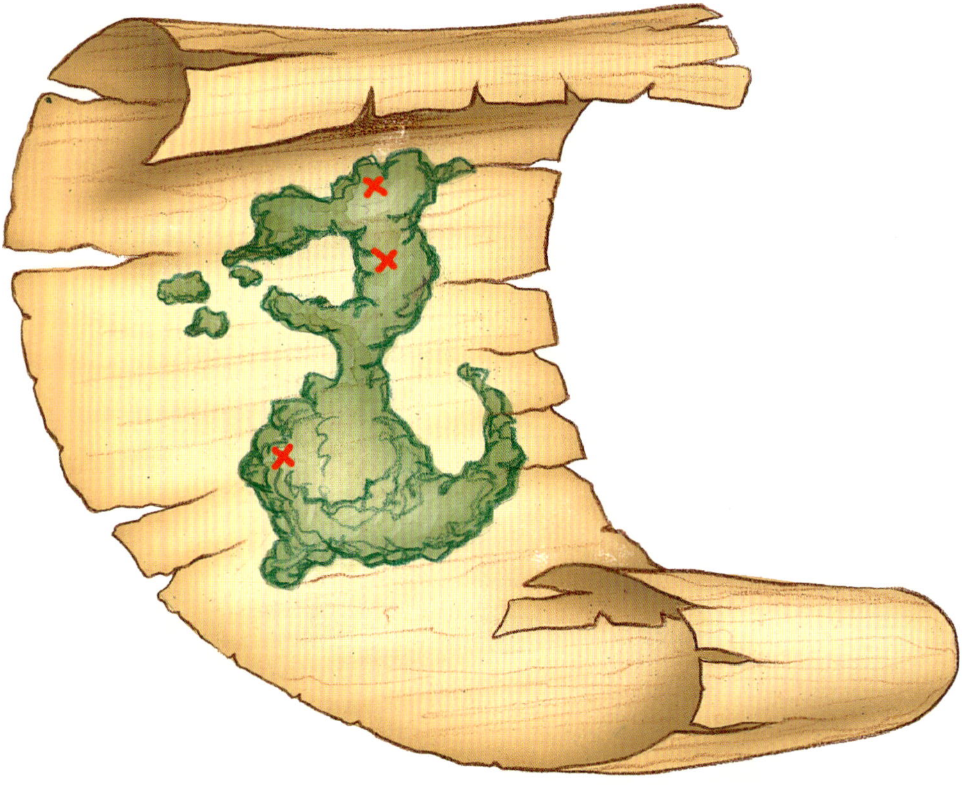

Ma la sua fu una promessa da marinaio, e nel giro di poco tutta la città venne a sapere il vero scopo del viaggio.
Ci vollero ben più di tre settimane per organizzare la partenza, ma alla

fine il signor Trelawney trovò la nave adatta alla nostra spedizione, l'*Hispaniola*, una grande e possente goletta, scelse un ottimo capitano e radunò l'equipaggio.
Era tutto soddisfatto delle sue scelte, e in particolare del cuoco che aveva assunto, Long John Silver, un valido marinaio che aveva perso una gamba in servizio e ora gestiva un locale sulla costa. Grazie a lui, che conosceva tutti giù al porto, era riuscito a radunare una perfetta ciurma di lupi di mare dall'aria poco raccomandabile ma di grande tempra ed esperienza. Così almeno ci raccontò per lettera.
Inutile dire quanto fossi eccitato a quelle notizie! L'indomani, con le lacrime agli occhi, salutai mia madre e dissi addio alla baia in cui ero nato e cresciuto e alla mia amata locanda. Ma ero troppo felice per avere rimpianti: stavo per salpare verso l'ignoto in cerca di un tesoro sepolto! Stavo per vivere una vita avventurosa!
Devo ammettere che quando seppi del cuoco con una gamba sola mi venne il terribile sospetto che potesse trattarsi del marinaio che Billy Bones tanto temeva. Ma non poteva essere lui, perché quello che mi ritrovai davanti il giorno della partenza era un uomo simpatico e cordiale.
Solo un piccolo incidente mi fece dubitare appena, cioè quando vidi Cane Nero svicolare fuori dal suo locale. Ma Silver, con i suoi modi spontanei e affabili, fugò subito ogni mia perplessità: non conosceva quel brutto ceffo, no di certo, sapeva solo che era fuggito via senza pagare il conto. «Ah, se lo prendo...» ripeteva furioso. E aveva tutta la mia comprensione.

Il pomeriggio di quello stesso giorno finalmente ci imbarcammo. Il signor Trelawney si comportava da amicone con l'ufficiale in seconda, un certo Arrow, ma sembrava già ai ferri corti con il capitano Smollett. Smollett era un uomo integro e schietto. «Non mi piace che si sappia

lo scopo del viaggio e non mi piace l'equipaggio!» disse. «Io avrei scelto uomini di fiducia, certo non questa gentaglia. Se volete che resti, dovete prendere alcune precauzioni. Le armi e la polvere da sparo devo essere messe al sicuro sotto la cabina. Non si sa mai...»
Trelawney, seppur indispettito, acconsentì e il dottor Livesey parve apprezzare la condotta del capitano, che a suo dire era l'unico uomo onesto dell'equipaggio. Oltre a Silver, ovviamente.
Tolta l'ancora, l'*Hispaniola* prese infine il largo, tra l'eccitazione generale. La ciurma era così allegra che si mise a intonare una canzone che conoscevo bene:

"Quindici uomini sulla cassa da morto...
Yo-oh-oh, e una bottiglia di rum!".

Curiosa coincidenza, certo, a cui però non diedi molto peso.
Navigammo bene: il capitano e i marinai erano uomini esperti.
Soltanto un paio di piccoli incidenti turbarono la quiete del viaggio.
Il secondo, Arrow, si rivelò un pessimo ufficiale: non sapeva farsi rispettare ed era quasi sempre ubriaco, tanto che un giorno finì disperso in mare. Il suo posto venne preso ottimamente da un paio di uomini di fiducia di Silver, e non avemmo più problemi.
Quanto a Silver, era sempre molto gioviale, soprattutto con me, ma mi stupì sapere che aveva dato il nome del Capitano Flint al suo pappagallo, un animaletto molesto che gracchiava sempre la stessa frase: *«Pezzi da otto! Pezzi da otto!».*
Mi resi inoltre conto che il cuoco era tenuto in grande considerazione e rispetto dall'equipaggio.

E proprio l'equipaggio era uno dei motivi di tensione tra Smollett e Trelawney. Il capitano si lamentava infatti del comportamento dei marinai, a cui venivano concesse troppe libertà, inopportune razioni

HISPANIOLA

di rum e una gran quantità di mele, sempre a disposizione in un grosso barile sul ponte. Anche il dottore era preoccupato. «Non ne verrà fuori niente di buono...» diceva scuotendo il capo.
E invece proprio dal barile di mele venne fuori qualcosa di buono: la nostra salvezza!
Ecco cosa accadde l'ultimo giorno di navigazione.
Era da poco calato il sole, avevo finito di lavorare e me ne stavo tornando alla mia cuccetta, quando mi venne una gran voglia di frutta. Corsi sul ponte e vidi che il barile era vuoto. Possibile che non ci fosse più nemmeno una mela? Mi calai dentro, per cercare meglio, e ne trovai una sul fondo. Ero lì dentro, accucciato, e tutt'intorno a me si udiva un gran silenzio, rotto solo dal pacato sciabordio delle onde. Non so se fu quel rumore ritmico, o l'oscurità del barile o il dolce dondolio della nave…
Quel che so è che stavo per addormentarmi, e ci sarei riuscito se un uomo robusto non si fosse seduto pesantemente accanto al barile, così vicino da farlo oscillare. Mi svegliai di colpo e feci per alzarmi, quando udii la voce di Silver. Afferrai solo una dozzina di parole, ma mi bastarono a capire che facevo meglio a starmene nascosto lì dentro ad ascoltare tutto fino in fondo, perché la vita degli uomini onesti della nave dipendeva solo da me!
Silver stava cercando di corrompere un marinaio fedele, forse uno dei pochi rimasti! Un attimo dopo, i due furono raggiunti dal timoniere, il signor Hands.
«Quand'è che lo facciamo?» lo sentii domandare sottovoce.
«All'ultimo, dannazione!» ribatté cupo Silver. «Prima lasciamo che il dottore e i suoi amici trovino la roba e ci aiutino a caricarla, poi entreremo in azione. E a quel punto sarà peggio per loro!» aggiunse sogghignando.
Per la miseria, ora sì che iniziavo a capire!

La ciurma di Silver voleva ammutinarsi, impossessarsi della nave e quindi del tesoro e uccidere chiunque si fosse opposto al loro perfido piano… Ci avrebbero ammazzati tutti, insomma!
Ero in preda al terrore, e sarei balzato fuori da quel barile come una molla se soltanto ne avessi avuto la forza. Alzai gli occhi al cielo in cerca di coraggio e in quell'istante vidi la luna piena inargentare le vele e brillare bianca nell'oscurità.
E un attimo dopo sentii la vedetta gridare a gran voce: «Terra! Terra in vista!».
Davanti a noi, finalmente, si stagliava nitida la sagoma dell'isola del tesoro.
Udii un rumoroso scalpiccio sul ponte: i marinai stavano tornando di corsa ai loro posti per guidare la nave verso la costa.
Per fortuna! Così potei sgattaiolare fuori dal barile senza essere visto e avvicinarmi al dottor Livesey.
«Dottore!» gli sussurrai trafelato. «Andate nella cabina insieme al signor Trelawney e al capitano Smollett, poi con una scusa mandatemi a chiamare: ho notizie terribili da darvi!»
Il dottore impallidì appena, poi annuì serio e ubbidì al mio comando.
Pochi minuti dopo li raggiunsi nella cabina e raccontai loro la conversazione che avevo sentito.
«Sono stato uno stupido...» mormorò avvilito Trelawney. «Avevate ragione voi, Smollett. Adesso siamo nelle vostre mani.»
Il capitano non era il tipo da scoraggiarsi.
«Punto primo...» disse risoluto. «Ormai è impossibile tornare indietro. Punto secondo, abbiamo tempo per pensare a una soluzione, almeno finché non troviamo il tesoro.
Punto terzo, sulla nave ci sono ancora uomini onesti: noi tre, il ragazzo, più i vostri tre domestici, dico bene, Trelawney?»
«Dite bene!»

«Sette contro diciannove!» calcolò il dottore. «Ma noi abbiamo un'arma segreta: Jimmy.
Sappiamo che gli uomini di Silver gli danno confidenza e non sospettano di lui. Vedrete che ci sarà di grande aiuto!»
Ah, proprio io che mi sentivo così impotente!

Passò la notte, e quando la mattina dopo uscii sul ponte vidi per la prima volta con chiarezza l'isola. Era collinosa e in gran parte coperta da boschi grigi e tristi, intervallati qua e là dal giallo della sabbia e dal verde dei pini. Al di sopra della vegetazione, le colline salivano in spirali di roccia nuda.
La cima più imponente, ricordavo dalla mappa, si chiamava Cannocchiale e aveva una forma strana, orizzontale, come se la punta fosse mozzata; sembrava decisamente un ottimo punto d'osservazione.
Il fortino non si vedeva, doveva essere nascosto nel fitto della boscaglia.
Intanto la nave avanzava beccheggiando, la schiuma lambiva fragorosa la costa e il sole splendeva alto e rovente sulla spiaggia. Finalmente stavamo per sbarcare! Eppure, chissà perché, mi sentivo tutt'altro che felice: sin dal primo sguardo mi sembrava già di odiare quell'isola lontana e misteriosa.
Non appena gettammo l'ancora, sulla nave prese a serpeggiare una certa agitazione. Temendo un ammutinamento, il capitano Smollett radunò in gran segreto gli uomini fidati, diede loro un'arma e propose il suo piano.
«È chiaro ormai che il capo della rivolta è Silver. Sono certo che appena possibile andrà con i suoi uomini in cerca del tesoro. Perché allora non lo assecondiamo? Concediamo loro un pomeriggio libero sull'isola. Se scendono tutti, la nave sarà nostra. Altrimenti ci difenderemo.»

I pirati di Silver accolsero la notizia con urla di gioia e chiassosi scoppi d'allegria. Sbarcarono in tredici, gli altri sei rimasero sulla nave. Adesso almeno eravamo alla pari!
A quel punto però mi venne un'idea folle, che tuttavia, va detto, contribuì non poco a salvare le nostre vite: decisi di scendere anch'io, ma di nascosto, sull'isola. Non c'era bisogno di me a bordo, e la voglia di esplorarla era troppo forte! Mi infilai in una delle scialuppe e appena toccai terra corsi dritto davanti a me fin dove mi portarono le gambe. Stavo ancora avanzando curioso nel bosco, quando d'un tratto sentì delle voci. Era Silver con uno dei suoi!
Visto che ormai avevo fatto la sciocchezza di scappare, pensai di rimediare origliando la loro conversazione: magari scoprivo qualcos'altro…
Mi nascosi dietro un cespuglio e sbirciai tra le foglie. Ah, cosa videro i miei occhi! Silver che uccideva a sangue freddo due dei nostri compagni, due uomini onesti e leali!
Mi sentii perso: il prossimo potevo essere io. Meglio darsela a gambe! Corsi via a perdifiato, ma giunto ai piedi di una collina mi fermai con il cuore in gola e gli occhi sbarrati per il terrore. Avevo visto qualcosa tra gli alberi!
Era una strana figura, si muoveva rapida, ma non capivo se fosse un uomo o una scimmia. Sì, sembrava proprio un uomo! E se era un cannibale? Quante volte avevo letto storie del genere nei libri d'avventura!
L'uomo non si mostrava apertamente, ma io mi feci coraggio: in fondo io ero ben armato…
«Chi sei? Vieni fuori!» gridai spavaldo.
«Ben Gunn. Sono il povero Ben Gunn!» rispose una voce roca e goffa. «E sono tre anni che non parlo con anima viva!»
Tre anni? Non potevo crederci!

«Sei un naufrago?» gli domandai incuriosito quando si fece avanti.
«No, quel farabutto di Flint, il pirata, mi ha abbandonato sull'isola» rispose. «Ma io sono sopravvissuto. E sono ricco... Ricco!» aggiunse.
Guardai quell'uomo dalla pelle bruna, cotta dal sole, vestito malamente, e rimasi perplesso: pensai che doveva essere diventato un po' matto a forza di stare solo…
«Anche tu scappi da Flint?» mi chiese con un luccichio negli occhi.
Gli raccontai tutta la storia, e alla fine Ben Gunn annuì sorridente.
«Hai davanti a te l'uomo giusto. Ci penso io ad aiutarvi. Torneremo sulla nave con la barchetta che mi sono costruito.» disse, e mi indicò il luogo in cui l'aveva nascosta. «In cambio chiedo solo mille monete d'oro e un passaggio in Inghilterra. Ci stai?»
«Ci sto!» risposi sollevato.
Ma proprio in quell'istante udimmo in lontananza tuonare un cannone.
«Hanno iniziato a combattere!» gridai atterrito. E corsi disperatamente insieme a Ben verso la nave.
Nel frattempo il dottor Livesey si era accorto della mia scomparsa e temendo per la mia vita aveva deciso di venirmi a cercare.
Era salito su una scialuppa insieme a un marinaio fidato e a un centinaio di metri dalla costa aveva scorto il fortino: una robusta costruzione di legno circondata da una solida palizzata alta quasi due metri, oltre la quale si apriva un ampio spiazzo. Appena sbarcato, però, aveva visto uccidere uno dei nostri ed era tornato in tutta fretta sulla nave.
A bordo erano tutti scossi, persino gli uomini di Silver rimasti di guardia.
«Ho un piano.» aveva dichiarato a quel punto il capitano Smollet.
«Trasportiamo le armi e le munizioni nel fortino e barrichiamoci dentro!»
Così avevano tentato di fare, ma al quinto viaggio sulla scialuppa si

erano ritrovati in balia delle onde e avevano perso un carico d'armi, subito recuperate dai pirati.

Malgrado l'inopportuno incidente, erano comunque riusciti a chiudersi al sicuro nel fortino e avevano cominciato a sparare contro i pirati che li assediavano.

Fu a quel punto che io e Ben sentimmo il colpo di cannone.

Corremmo fino alla spiaggia, e arrivati nei pressi del fortino ci dividemmo: Ben tornò sulla sua collina, dove ci avrebbe aspettati, io invece approfittai di un momento di relativa quiete per intrufolarmi dentro, con grande gioia e sorpresa dei miei amici.

«Jimmy Hawkins!» esclamò con entusiasmo il dottore. «Grazie al cielo!»

Rincuorato di vederli vivi, raccontai loro della fuga e del fortunato incontro con Ben Gunn. «Avrà anche perso qualche rotella...» conclusi «...ma è un uomo in gamba e non vede l'ora di tornare a casa, perciò ci aiuterà!»

Rimanemmo barricati nel fortino per tutta la notte, alternandoci nella guardia...

Fuori, il vento sollevava grosse nuvole di sabbia che filtravano nella stanza da ogni minima fessura e ricadevano sul pavimento in una fastidiosa pioggerella.

Eravamo stanchi e avevamo gli occhi arrossati per il gran fumo del camino, e di certo ci saremmo lasciati andare alla tristezza se non fosse stato per il capitano.

«Siamo cinque contro tredici. Anzi, contro undici, se consideriamo i feriti. Non male!» disse contando mentalmente i sopravvissuti. «E il tempo gioca a nostro favore. Silver e i suoi sono degli ubriaconi e si sono accampati in una zona malsana: il rum e la malaria pareggeranno presto i conti.»

Stava ancora parlando, quando uno dei nostri, di vedetta, urlò a gran

voce: «Bandiera bianca! Stanno sventolando la bandiera bianca! Vogliono arrendersi!»
Ci affacciamo incuriositi e alle prime luci del giorno vedemmo un uomo con in mano un panno bianco e, proprio accanto a lui, Long John Silver in persona.
«State dentro!» ci ordinò il capitano. «Scommetto che è un trucco.»
E difatti non si sbagliava.
Silver si avvicinò, e con un'espressione enigmatica sul volto disse: «Chiediamo una tregua: vogliamo negoziare».
«Negoziare cosa? La vostra resa?» ribatté il capitano.
Il pirata sghignazzò pacato. «Noi vogliamo il tesoro...» spiegò. «E voi volete rimanere vivi. Dateci la mappa e non vi uccideremo: una volta trovato il tesoro potrete decidere di tornare indietro con noi o di rimanere qui. Mi sembra una concessione più che generosa, non vi pare?» aggiunse con un sorriso beffardo.
«Come no!» replicò Smollett ricambiando il sorriso. «Facciamo invece che voi vi arrendete e noi vi portiamo in catene in Inghilterra, dove sarete processati. Oppure vi facciamo fuori. Scegliete pure liberamente.»
Il volto di Silver rimase impassibile, ma dai suoi occhi trapelava una grande furia. «È così, eh?» rispose gelido. «Allora staremo a vedere. Tra un'ora io e i miei uomini saremo qui, e a quel punto di voi rimarrà soltanto un mucchietto d'ossa!»
E con questa tremenda promessa si allontanò faticosamente nella sabbia, zoppicando e affondando, finché non scomparve nella boscaglia.
Passò un'ora, e puntuale arrivò l'eco del primo sparo. Per qualche istante non accadde nulla, poi una fragorosa pioggia di colpi si infranse contro il legno del fortino.
«Ai posti di combattimento!» urlò il capitano. «Ci stanno attaccando!»

Seguirono momenti concitati, scanditi da grida furiose e un infinito trambusto. Da nord un manipolo di pirati, agili come scimmie, si arrampicò oltre la palizzata, con le sciabole sguainate, mentre da ovest continuavano a spararci addosso.

La lotta fu aspra e tremenda, ma alla fine avemmo noi la meglio. Sul campo di battaglia rimasero i corpi senza vita di cinque pirati, mentre gli altri scapparono via nel bosco. Quanto a noi, eravamo ancora tutti vivi: solo Smollett era ferito, ma in maniera lieve.

Avevamo vinto una battaglia, ma la guerra era ancora aperta.

Mangiammo un po', per recuperare le forze, e qualche ora dopo, senza dire una parola, il dottor Livesey prese con sé cappello e pistola, cinse la sciabola corta, si infilò in tasca la mappa del tesoro e con un moschetto in

spalla scavalcò la staccionata a nord e scomparve tra gli alberi.
«Che diavolo sta facendo? È diventato matto?» esclamò stupito Gray, il domestico di Trelawney.
Avevo intuito le sue intenzioni e lo rassicurai. «Il dottore ha in mente un piano. Sono sicuro che sta andando da Ben Gunn per organizzare qualcosa.»
Mi fidavo del dottore, e lo invidiavo anche un po': lui era là fuori, libero di muoversi, mentre io dovevo starmene rinchiuso fra quelle quattro mura anguste e spaventose.

Fu allora che decisi di seguire l'istinto e di commettere la seconda follia in pochi giorni.
Presi due pistole, mi infilai in tasca una provvidenziale manciata di biscotti e senza essere visto sgusciai fuori dal fortino, diretto alla costa orientale. Sì, forse la mia era un'idea un po' troppo audace, ma nasceva dal terribile sospetto che i pirati potessero impossessarsi dell'*Hispaniola* e abbandonarci lì sull'isola. Dovevo impedirlo a tutti i costi!
Fuori intanto si era fatto buio e nell'isola regnava un silenzio quasi irreale, rotto solo, in lontananza, dall'orrendo gracchiare di Capitano Flint. Raggiunsi la caletta di cui mi aveva parlato Ben Gunn, e là trovai nascosta la sua barca. Era davvero piccola, persino per me che ero un ragazzo. Salii comunque e cominciai a pagaiare verso la nave.
Il mio piano era semplice: volevo tagliare le corde che ancoravano l'*Hispaniola* e lasciare che andasse alla deriva. Poi in qualche modo avrei tentato di condurla fino a un'insenatura riparata. Mi avvicinai dunque con circospezione e cominciai a sfilacciare pian piano le corde, una alla volta. Nel frattempo udii giungere dalla cabina delle grida rabbiose. Riconobbi subito la voce di Hands, il timoniere: era ubriaco e stava litigando con un altro marinaio, ancora più sbronzo di lui. Poco dopo li vidi azzuffarsi.

Sul mare intanto aveva cominciato a spirare una brezza insidiosa, e la nave oscillava sempre più forte. Tagliai quindi l'ultima corda e la legai alla barchetta di Ben, poi saltai a bordo e lasciai che la corrente ci trascinasse dietro all'*Hispaniola.*

Viaggiai così tutta la notte, steso sul fondo della barchetta, immobile, terrorizzato. In che razza di guaio mi ero cacciato! Poi la stanchezza ebbe la meglio sulla paura, e mi addormentai. E quella notte sognai casa mia e la mia adorata locanda.

Mi svegliai, ripresi un po' di coraggio e pagaiai con tutte le mie forze per avvicinarmi alla nave: si stava allontanando troppo, ed era chiaro che nessuno la stava manovrando. Finalmente la abbordai, e salito sul ponte mi accorsi che in tutta l'*Hispaniola* c'erano rimasti soltanto i due marinai che avevo visto litigare. Uno era disteso a terra, morto, mentre l'altro sembrava smaltire la sbornia.

«Signor Hands!» gridai. «Adesso sono io il capitano! Vi ordino di portare la nave al sicuro nella Baia Nord!»

Il timoniere sghignazzò e chiese altro rum, ma poi obbedì al mio comando. Eseguì il suo compito alla perfezione, ma il suo sguardo non mi piaceva: mi fissava con occhi beffardi. E i miei timori si fecero certezza non appena la nave fu ancorata nella baia: con una mossa repentina, Hands sfoderò un pugnale nascosto e mi si scagliò contro.

Lottammo con furore, e quando provai a sfuggirgli lui mi ferì di striscio a una spalla lanciandomi addosso il pugnale. Io allora afferrai le pistole e senza capire più nulla premetti il grilletto.

Sentii un boato, poi un grido soffocato e il tonfo di un corpo che cadeva in mare. Avevo appena ucciso un uomo!

Stavo male, avevo la nausea e mi sentivo sul punto di svenire, sopra ogni cosa era l'orrore di ciò che aveva fatto che mi pietrificava!

Ma non potevo rimanere lì… Così mi feci forza, mi lasciai cadere giù nelle acque basse e raggiunsi la riva. Poi puntai diritto verso il fortino.

Era notte, e nel cielo brillava bianca la Luna. Quando arrivai davanti alla palizzata vidi le braci di un falò rosseggiare nell'oscurità. Ebbi subito il timore che durante la mia assenza fosse accaduto qualcosa.
Mi infilai nel fortino: dentro era buio pesto, e il mio piede inciampò contro qualcosa.
E subito una voce acuta lacerò il silenzio strillando:
«Pezzi da otto! Pezzi da otto!».
Il pappagallo di Silver!
Non feci in tempo a voltarmi che mi ritrovai afferrato da quattro braccia: i pirati mi avevano catturato!
Mi portarono da Silver, che sembrava più pallido e austero del solito.
«Chi si rivede, Jim!» mi disse. «Come potrai notare, il fortino è nostro. Ringrazia il tuo amico dottore. Ieri è venuto qui per una tregua. Blaterava che l'*Hispaniola* era scomparsa.
Abbiamo guardato fuori e, per mille spingarde, non c'era davvero! Così abbiamo fatto un patto: lui ci ha consegnato la mappa del tesoro e buona parte dei viveri, e in cambio io li ho lasciati liberi di andarsene. Tu invece puoi unirti a noi. Jimmy Hawkins il pirata, suona davvero bene!»
«Ah, se solo sapessi, Silver!» ribattei sprezzante. «Sei messo male: niente nave, niente tesoro, niente uomini… E l'artefice di tutto questo sono io: io ho avvertito il capitano delle vostre intenzioni, io ho portato la nave in un posto sicuro per non farla cadere in mano vostra, io ho ucciso l'ultimo dei tuoi pirati rimasti a bordo. Perciò…»
Nella stanza non volava una mosca. I cinque bucanieri sopravvissuti mi fissavano con occhi sgranati, mentre Silver aveva un'aria a dir poco misteriosa. Cosa stava pensando? Non capivo se ridesse di me o fosse impressionato dal mio coraggio.
Poi uno degli uomini, Morgan, sbottò.
«Ammazziamolo!» gridò, agitando il coltello. «È tutta colpa sua!»

Gli altri sembravano d'accordo e mormoravano rumorosi.
«Silenzio!» ordinò Silver. «Il ragazzo non si tocca. È l'unico a sapere dov'è la nave. Se vogliamo recuperarla, lui deve rimanere in vita!»
I pirati erano furiosi.
«Così non va!» disse uno di loro. «Con tutto il rispetto, Capitano Silver, l'equipaggio si appella al diritto di tenere consiglio. Avrai presto nostre notizie.» E con quelle dure parole uscirono tutti e cinque dalla stanza.
Silver mi fissava. «Stupidi e codardi!» esclamò. «Senti, ragazzo...» mi disse. «Facciamo un patto: io ti salvo la vita, e tu in cambio impedisci che i tuoi mi mandino alla forca.»
Ero sbigottito: un pirata intrepido come lui che mi proponeva un accordo tanto disperato!
«Farò quel che posso...» risposi.
«Affare fatto!» esclamò. E mandò giù un sorso di whisky scuotendo la testa, come un uomo preparato ad affrontare il peggio.
Il consiglio dei pirati durò a lungo. Poi un portavoce rientrò nel fortino e consegnò qualcosa a Silver.
Silver abbassò lo sguardo sulla mano. «Il marchio nero!» disse annuendo. «Me lo aspettavo. C'è scritto: "destituito". Bravi!» Poi fissò negli occhi i suoi compagni e tirò fuori la mappa del tesoro.
I pirati erano così eccitati che vi si gettarono sopra come gatti su un topo.
Il cuoco ritrasse la mano. «Vediamola in questi termini: voi avete perso la nave e io ho trovato il tesoro. Ma sentitevi pure liberi di scegliere un altro capitano. Io mi faccio da parte.»
«No!» gridarono in coro i pirati. «Silver, Silver! Silver per sempre!»
L'allarme sembrava essere rientrato, per fortuna, e fu deciso che sarei rimasto in vita. Almeno per il momento.
Qualche minuto dopo, la porta del fortino si aprì e con mio grande

stupore vidi entrare il dottor Livesey. Era venuto a medicare i feriti. Mi venne quasi da piangere.
«Mi dispiace, dottore...» mormorai avvicinandomi.
I pirati scoppiarono in sonore proteste: non volevano che parlassimo e accusarono Silver di doppio gioco. Accusa peraltro fondata!
«Il ragazzo non fuggirà, ha dato la sua parola!» li zittì il loro capitano. Così mi fu concessa una certa libertà e potei raccontare al dottore la mia avventura in mare. Livesey rimase di stucco.

«E bravo Jimmy!» esclamò sorridente.
«Fidati di me, ne verremo fuori. Quanto a te, Silver, vedi di proteggerlo e ti sarà risparmiata la vita. E se avete bisogno di aiuto, chiamate.»
Poi mi strinse la mano, annuì al cuoco e scomparve oltre la palizzata.

L'indomani mattina i pirati si misero in cammino di buona lena, in cerca del tesoro. Io arrancavo dietro a Silver, che mi aveva cinto la vita con una corda e mi teneva legato. Non c'era da stupirsi che fossero tutti d'ottimo umore; io lo ero decisamente meno, perché temevo che Silver non rispettasse il patto, ma anche che i pirati si accorgessero del tradimento del loro capitano e ci uccidessero: uno zoppo e un ragazzo contro cinque marinai forti e vigorosi... non avremmo avuto scampo!

Avanzammo a fatica su un terreno limaccioso, rallentati dal pesante carico di pale e badili, finché gradualmente la collina si fece più ripida e sassosa e le paludi cedettero il posto ad arbusti odorosi e profumatissimi cespugli di ginestre.
L'aria del mattino, scaldata dai primi raggi del sole, era deliziosamente fresca e corroborante.
Stavamo per avvicinarsi all'altopiano indicato sulla mappa, quando uno degli uomini più esterni del gruppo lanciò un grido d'orrore.
«Laggiù, guardate laggiù!»
Corremmo tutti verso di lui e ai piedi di un possente pino vedemmo lo scheletro di un uomo. Era adagiato a terra in una posa innaturale: i piedi puntavano in una direzione e le mani in un'altra.
«Per Giove!» esclamò Silver. «È una bussola umana! È un indizio di

Flint per trovare la strada. Guardate: indica Est-Sud-Est, proprio come segnato sulla mappa.»

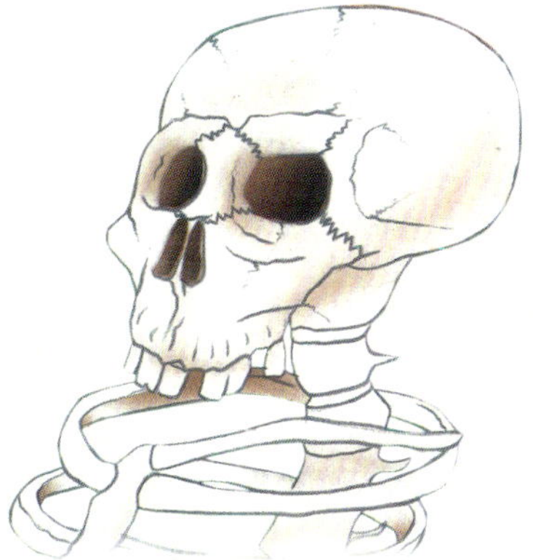

I pirati non presero poi così bene quella buona notizia: avevano smesso di correre avanti spavaldi e chiassosi, e adesso avanzavano a ranghi serrati, sussurrando appena. Un terrore spettrale aveva di colpo freddato i loro spiriti ardenti.
Continuammo a camminare finché giungemmo alla balza del Cannocchiale. Da lassù il nostro sguardo poté spaziare libero fino al mare. Tutto attorno a noi c'era silenzio, e nel nostro cuore crebbe un gran senso di solitudine.
Ci eravamo fermati un attimo per controllare la mappa, quand'ecco che tra gli alberi davanti a noi udimmo una voce esile e tremula canticchiare una canzone familiare:

"Quindici uomini sulla cassa da morto…
Yo-oh-oh, e una bottiglia di rum!"

«È il fantasma di Flint!» gridò uno dei pirati terrorizzato.
«Sì, è la sua voce!» strillarono gli altri.
Erano tutti fuori di sé dallo spavento.
Tutti tranne Silver, che non sembrava troppo turbato: stava pensando febbrilmente a una spiegazione logica. «Ben Gunn!» esclamò infine. «È sua la voce!»
«Ma Ben Gunn è morto!» gli fece eco un altro.
«Anche se fosse, non può farci niente!» replicò sprezzante Silver. «Era una nullità da vivo, figuriamoci da morto.»
Incredibile come l'animo dei pirati si risollevò all'istante e il loro volto riprese colore!

Ci rimettemmo in cammino e giungemmo infine al boschetto indicato sulla mappa: il tesoro era vicino, sepolto sotto uno dei tre pini! I pirati non persero un istante e corsero avanti esultanti, ma un attimo dopo li vidi fermarsi di colpo e lanciare un urlo rabbioso.
La terra accanto all'ultimo albero era stata smossa di recente: qualcuno aveva trovato il nascondiglio e portato via il tesoro!
Fu come se tutti e sei fossero stati colpiti da una scarica di pugni che li aveva lasciati tramortiti. Silver però si riprese in fretta e cambiò subito strategia: mi passò una pistola e si allontanò con cautela dagli altri, un centimetro alla volta, portandomi con sé.
I pirati intanto, increduli e delusi, si erano lanciati sul cumulo di terra e urlando e imprecando avevano iniziato a scavare a mani nude, tanta era la loro foga.
«Ho trovato due monete d'oro!» esclamò d'un tratto Morgan.
Ma era tutto ciò che restava del bottino.
«Ci hai traditi!» gridarono allora furiosi i pirati, e fecero per scagliarsi contro Silver.
Ma proprio in quell'istante udimmo risuonare tre spari secchi. Tre colpi di moschetto che uccisero due uomini e misero in fuga gli altri.
Io e Silver rimanemmo soli, illesi, e un attimo dopo vedemmo sbucare dai cespugli il dottor Livesey, Gray e Ben Gunn.
«Svelti, seguiteci!» ci dissero sorridenti.
Corremmo fimo alla Baia Nord e ci fermammo davanti alla bocca di una grotta, e lì finalmente ci fu svelato il mistero.
Alcuni mesi prima, Ben Gunn, durante le sue peregrinazioni, aveva trovato lo scheletro e seguendone le indicazioni era giunto al tesoro.
Pezzo dopo pezzo se l'era portato nella sua grotta. Il dottore era venuto a sapere tutte queste cose il giorno dell'assalto al fortino, quando era fuggito via misteriosamente. Ecco il motivo per cui aveva consegnato a Silver la mappa, ormai inutile, in cambio della libertà!

Eravamo ancora fermi là fuori, quando il signor Trelawney sbucò dall'oscurità della caverna e ci venne incontro.
«Ce l'avete fatta!» esclamò Trelawney raggiante.
«Quanto a te, John Silver, sei un vero mascalzone e un impostore della peggior specie. Ma un patto è un patto, e io ti ho dato la mia parola: quindi avrai salva la vita!»
«Gentilissimo, vossignoria...» rispose Silver con un inchino.
Seguimmo Trelawney nella grotta, dove trovammo il Capitano Smollet a guardia di un'enorme montagna di monete d'oro che scintillavano meravigliose alla luce del fuoco.
Ecco il leggendario tesoro di Flint, per il quale avevamo fatto tanta strada e che era costato la vita a così tanti uomini…
Finalmente era nostro!

Quella sera cenai e brindai fino a notte fonda con i miei amici, in un clima di grande euforia. Silver se ne stava appena in disparte, ma mangiava di gusto e si univa persino alle nostre risate: sembrava essere tornato l'uomo mite, affabile e ossequioso del viaggio d'andata.
L'indomani recuperammo l'*Hispaniola* e iniziammo a trasportare a bordo i sacchi d'oro. Fu un lavoro lungo e faticoso: il tesoro era talmente grande che impiegammo giorni per caricarlo tutto. Nel frattempo non avevamo più saputo niente dei tre pirati fuggiaschi e decidemmo di abbandonarli al loro destino.
Poi levammo l'ancora e finalmente lasciammo l'isola.
Eravamo tuttavia a corto di marinai, così poco dopo decidemmo di fermarci nel più vicino porto dell'America latina in cerca di braccia nuove. Fu allora che accadde. In un momento di distrazione, Silver saltò su una scialuppa e fuggì via portandosi dietro un sacco pieno di monete d'oro. Ma un sacco d'oro era ben poca cosa, e noi eravamo troppo felici di esserci sbarazzati di quella canaglia!

Di tutti gli uomini partiti da Bristol, soltanto in cinque vi facemmo ritorno.
Ci spartimmo equamente il bottino, e ciascuno di noi lo adoperò saggiamente o stoltamente, a seconda della sua natura.
Quanto a Silver, nessuno ebbe più sue notizie: spero per lui che faccia una bella vita, perché nella prossima dubito che si troverà bene.
Probabilmente sull'isola, sotto le altre due X, ci sono ancora sepolti i lingotti d'argento e le armi di Flint.
Ma per quanto mi riguarda possono restare dove sono: per niente al mondo tornerei laggiù!
Ogni volta che ripenso a quell'avventura, sento ancora nelle orecchie il fragore delle onde e la voce di Capitan Flint che gracchia incessante:
«Pezzi da otto! Pezzi da otto!».

Una volta nella vita può bastare.

Review

Louisa May Alcott

Piccole Donne

Era la vigilia di Natale e le sorelle March, sedute in salotto, stavano aspettando il ritorno della madre.

La stanza, malgrado l'arredamento modesto, aveva un aspetto accogliente: il fuoco scoppiettava allegramente nel camino e le pareti erano addobbate con festoni e decorazioni natalizie.

Le quattro sorelle nonostante il grande affetto e la dedizione reciproca che le univa, erano decisamente diverse l'una dall'altra, sia d'aspetto che di temperamento.

Meg, la maggiore, era graziosa e assennata ed era ben conscia del proprio ruolo.

Jo, al contrario, si comportava spesso come un maschiaccio e aveva un unico desiderio: diventare una scrittrice.

Beth, invece, era l'opposto: timida e riservata, e amava molto la musica.
Amy infine, era la più giovane e la più bella. Aveva un carattere allegro e superficiale e adorava dipingere.
Quel pomeriggio le ragazze stavano parlando del Natale e... dei regali.
«Un Natale senza regali...» brontolò Jo «...è proprio triste!»
«Oh, io invece speravo tanto di potermi comperare delle nuove matite...» sospirò Amy.
«Bisogna dire che la mamma ha ragione, c'è la guerra, non è giusto spendere il denaro in regali!» disse dolcemente Beth. «Pensate a quanti soffrono... Rispetto a loro i regali sono futili.»

Le fanciulle rimasero in silenzio.
Il pensiero di ognuna di loro era subito corso al padre, partito anche lui per il fronte.
«Ho un'idea!» esclamò Jo con voce squillante. «Rinunceremo ai nostri regali e compreremo qualcosa di utile per la mamma.
«Oh sì!» Beth sorrise felice. «Con i miei risparmi le prenderò un paio di pantofole nuove!»
«Io dei guanti!» disse Meg.
«Io invece un bel paio di scarpe robuste!» esclamò Jo.
«Le prenderò una bottiglia di profumo...» Amy sospirò lievemente; per lei rinunciare al regalo di Natale non era un sacrificio da poco!

L'indomani mattina si svegliarono tutte molto presto.
La signora March accettò commossa i regali delle figlie e donò a ognuna di loro una piccola Bibbia.
«Leggetene qualche pagina nei momenti difficili...» disse dolcemente sorridendo.
Hannah, la vecchia domestica nera, aveva preparato un'abbondante colazione natalizia e chiamò a gran voce la famigliola. Ma la signora March aveva qualcosa da chiedere alle figlie: «Vorrei portare la nostra colazione a una famiglia poverissima...». Le ragazze acconsentirono con gioia.

Il pomeriggio natalizio trascorse in allegria.
Meg, Jo e le sorelle minori avevano organizzato uno spettacolo teatrale e avevano invitato le loro migliori amiche.
La recita riscosse un grande successo, ma le sorprese non erano ancora finite. Infatti, appena fu calato il sipario, la signora March invitò le ragazze a fare merenda.
Le fanciulle si precipitarono in sala da pranzo. Meraviglia!
La tavola era riccamente imbandita: c'erano torte, budini e gelati di ogni tipo.
«Sono state le fate?» bisbigliò Amy con gli occhi sgranati.
«No.» rispose la signora March. «È stato il signor Laurence, il nostro vicino. Ha saputo che questa mattina avete rinunciato alla vostra colazione e ha voluto ricompensarvi.
«Mmm...» borbotto Jo "tuffandosi" sui dolci. «Vorrei conoscerlo meglio, e anche il nipote deve essere un ragazzo simpatico!»
Il signor Laurence era un anziano gentiluomo che viveva, insieme al nipote orfano, in una grande villa vicino a casa March.

Il desiderio di Jo si avverò quanto prima; infatti sia lei che Meg ven-

nero invitate al Ballo di Capodanno. Meg era felice e... preoccupata.
«Ti prego Jo! Per una volta comportati bene, non fare il maschiaccio.
«Uh! Temo che sarà una gran barba!» esclamò Jo.
Effettivamente il ballo era appena iniziato e Jo si stava già annoiando; d'un tratto decise di rifugiarsi dietro una grande tenda di velluto.
Qualcuno l'aveva preceduta: Laurie Laurence. Superato l'imbarazzo iniziale, i due giovani si misero a chiacchierare allegramente.
Dopo quella sera Laurie e le ragazze March divennero grandi amici e presero a frequentarsi assiduamente.
Uno spiacevole fatto, però, turbò la serenità di casa March...
Nella scuola frequentata da Amy, erano di gran moda i limoni canditi: le ragazzine li portavano a scuola per offrirli alle amiche. Naturalmente Amy non voleva essere da meno.
«Meg!» supplicò un giorno la ragazzina. «Prestami qualche spicciolo, devo assolutamente comprare dei limoni canditi!» Amy sospirò... «O a scuola penseranno che sono un'avara.»
Meg si lasciò commuovere e diede alla sorellina un quarto di dollaro.
L'indomani Amy, appena arrivata in classe, nascose il prezioso cartoccio di dolci sotto il banco. Non doveva assolutamente farsi scoprire dal maestro: lui i canditi li detestava.
«Ma Jenny, una ragazzina invidiosa e dispettosa, si era accorta delle mosse furtive di Amy e non esitò a fare la spia.

«Amy March!» urlò il maestro. «Prendi subito quegli orribili limoni canditi e buttali dalla finestra!»

La ragazzina obbedì tremando. Ma la punizione non era finita, le furono anche inflitte un paio di bacchettate sulle mani.

A casa Amy diede sfogo al suo dolore e raccontò alla madre quanto era successo. La signora March giudicò eccessiva la severità del maestro.

«Ti ritirerò da scuola, studierai a casa con Beth, però...» esclamò con fermezza «...devi imparare a essere meno orgogliosa!»

Amy sospirò tra le lacrime: lei era certa di aver subito una grande offesa.

Una sera Amy vide Meg e Jo vestite di tutto punto, pronte per uscire.

«Dove andate sorelle?» chiese incuriosita.

«A teatro con Laurie!» rispose eccitata Meg.

«Vengo anch'io, vado a chiedere il permesso alla mamma.»

«Non sei stata invitata...» la interruppe Jo senza tanti complimenti.

«Andiamo Meg o faremo tardi.»

Amy com'era prevedibile, si arrabbiò moltissimo e mentre la sorella chiudeva la porta di casa, strillò con quanto fiato aveva in gola: «Te ne pentirai!».

Jo a teatro si divertì moltissimo e soltanto al momento di andare a letto si ricordò della minaccia di Amy, ma aveva troppo sonno per preoccuparsi.

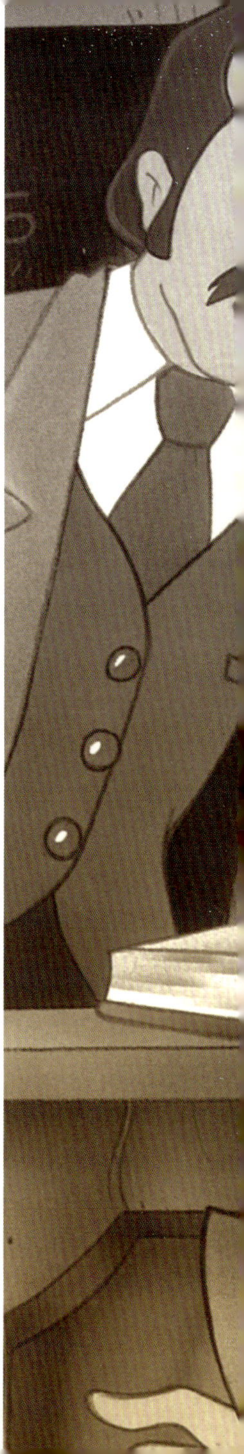

L'indomani, appena ebbe un momento libero, Jo corse in soffitta.
Lì, in mezzo a tante cose vecchie e polverose, si era creata un angolino tutto suo, dove scriveva i suoi racconti.
Ultimamente ne aveva scritti diversi, li aveva ricopiati con cura e li aveva messi dentro una cartellina; forse un giorno avrebbe avuto il coraggio di mandarli a un editore.
Quel mattino dunque salì in soffitta e si accorse che la cartelletta era sparita. Si precipitò in salotto.
«Qualcuno ha visto i miei racconti?» esclamò.
Meg e Beth scossero il capo. Soltanto Amy diventò rossa in volto e abbassò la testa.
«Sei stata tu!» gridò furibonda Jo.
«Sì, ho bruciato le tue stupide cartacce!»
«Come hai potuto? Avevo soltanto quella copia...» Jo era disperata e piangendo si rifugiò in soffitta.
Amy taceva avvilita sotto il grave sguardo di rimprovero delle sorelle.
Per giorni e giorni Jo si comporto con Amy con assoluta freddezza, per quanti sforzi quest'ultima facesse per farsi perdonare.
Una gelida mattina Jo decise di andare a pattinare con Laurie; Amy la vide uscire e pensò che quella fosse l'occasione buona per tentare di far pace. Quando era con Laurie l'umore della sorella migliorava sempre.
«Aspettami, vengo anch'io!» le disse.
Ma Jo ancora una volta la ignorò.
Amy per cercare di raggiungere i due giovani, si legò in fretta i pattini e attraverso il fiume proprio nel punto dove il ghiaccio era più sottile e pericoloso.
Fu questione di un attimo: si udirono una scricchiolio sinistro, un grido e Amy sprofondò.
Seguirono momenti terribili. Jo seguì ciò che le diceva Laurie. Libera-

rono a fatica Amy, poi, in gran fretta, la portarono a casa. Là Jo, senza dire una parola, si prodigò in ogni modo: ravvivò il fuoco nel caminetto, preparò un tè bollente e soltanto quando vide la sorella dormire tranquilla, scoppio a piangere.

«Oh, mamma!» singhiozzo disperatamente. «È tutta colpa mia, ero così arrabbiata con lei che ho finto di non vederla. Jo» si soffiò rumorosamente il naso. «Non le ho detto che il ghiaccio era sottile!»
La signora March strinse a sé la figlia, e come sempre trovò le parole giuste per confortarla.
Quando Amy si svegliò vide il volto ansioso di Jo, e senza dire nulla si abbracciarono.
Ogni rancore era dimenticato.
Le condizioni economiche della famiglia March non si poteva certo dire che fossero floride.
Un tempo il signor March era stato molto ricco, ma per aiutare un amico in difficoltà aveva lui stesso subito un tracollo finanziario. Meg e Jo, per aiutare la famiglia, si erano trovate un piccolo lavoro. Meg, faceva l'istitutrice ai bambini King, dei veri monelli scatenati. Jo invece faceva la dama di compagnia a una bisbetica e ricchissima zia del padre.
A primavera Meg rimase a casa dal lavoro perché i bambini King avevano preso la rosolia. Quando una sua cara amica, Amalia Moffat, la invitò a passare qualche settimana a casa sua, Meg accettò con piacere.
Amalia era molto ricca e la sua famiglia dava spesso sontuosi ricevimenti: era quindi un'occasione da non perdere.
In famiglia tutti si diedero un gran daffare.
Il guardaroba di Meg venne revisionato e rinfrescato con qualche "acquisto" delle sorelle e della madre.
«Hai bisogno di un paio di guanti nuovi!»
«Ecco, ti presto la mia cintura...»
«Posso darti il mio fazzoletto di pizzo...»
Meg sorrideva con gratitudine alla madre e alle sorelle per gli sforzi che facevano per "sistemarlo".

Quando finalmente arrivò il giorno della partenza, la ragazza se ne andò felice ed eccitata: l'attendevano giorni meravigliosi. Ma ahimé, ben presto avrebbe dovuto ricredersi...
I Moffat erano gentilissimi, facevano tutto il possibile perché lei si divertisse, ma Meg non poteva fare a meno di confrontare i suoi abiti modesti con quelli elegantissimi di Amalia, e ogni giorni si sentiva sempre più a disagio.
Un fatto spiacevole venne poi a peggiorare la situazione. Una sera, mentre si riposava dopo aver ballato a lungo, Meg udì per caso una conversazione tra un gruppo di anziane ospiti.
«Graziosa la ragazza March...»
«Sì, peccato però che vesta così modestamente...»
«Ho sentito dire che è molto amica del giovane Laurie Laurence...»
«Be', per lei sarebbe un gran bel partito!»
Meg non volle ascoltare altro e fuggì con le guance in fiamme per la rabbia e la vergogna.
Quella notte nel silenzio e nella solitudine della sua camera pianse a lungo.
Quando qualche giorno dopo, in occasione di un ricevimento particolarmente elegante, Amalia si offrì di prestarle uno dei suoi abiti, non è difficile immaginare il grande entusiasmo con cui Meg accettò.
L'abito era in seta, molto scollato e con un lungo strascico. Amalia insistette per truccare l'amica e arricciarle i capelli. Quando fu pronta Meg si guardò allo specchio e stentò a riconoscersi.
Al ballo era stato invitato anche Laurie, che quando vide l'amica rimase letteralmente a bocca aperta.
«Come ti sei conciata?» le chiese accigliato.
«È un vestito di Amalia, ha voluto prestarmelo, i miei abiti non sono molto eleganti.» Meg era davvero imbarazzata e cercava di giustificarsi. «Forse un po' troppo scollato...»

Non era solo Laurie a disapprovarla. Meg infatti, passando vicino a un'anziana signora, sentì che stava parlando proprio di lei e del suo abito, e purtroppo il suo non era certo un commento favorevole!
«Quella ragazza March si è proprio trasformata. Che peccato! Prima era semplice e graziosa, questa sera così imbellettata sembra una bambola alla moda!»
Per Meg quella fu la goccia che fece traboccare vaso. Corse a cercare Laurie e quando lo trovò, lo scongiurò: «Devi promettermi una cosa!».
«Mmm...» borbotto il ragazzo guardandola di traverso, era ancora arrabbiato e non voleva sbilanciarsi.
«Non devi dire a mia madre e alle mie sorelle come ero vestita questa sera. Ho voluto provare a essere diversa...» spiegò Meg con aria contrita. «L'ho fatto per divertirmi, ma...» sospirò «...non mi sto divertendo.»
Laurie scoppiò a ridere soddisfatto.
«Prometto che non ti tradirò, però, adesso cerchiamo di divertirci un po'!» esclamò ridendo. «Finora questa festa e stata una gran barba!»
Per il resto della serata i due ragazzi ballarono e risero, e Meg si dimenticò di tutti i suoi guai.
Ritornando a casa raccontò tutto quello che aveva fatto in quei giorni, parlò di balli, gite e ricevimenti e di come si era divertita ma non nominò certo l'episodio dell'abito di Amalia...
A Meg però quel segreto pesava e un giorno si confidò con la madre: «Volevo essere diversa! Come sono stata sciocca!».
«No, tesoro...» la consolò la madre. «È normale desiderare i bei vestiti, l'importante è capire che non sono indispensabili!»
Arrivarono finalmente le vacanze, tanto attese dalle ragazze. Soprattutto Meg e Jo, che sarebbero state libere dai loro impegni: i bambini King partivano per il mare e la vecchia zia March andava in montagna.

«Che cosa pensate di fare in queste vacanze?» domandò un giorno la signora March alle figlie.
«Io dormirò fino a tardi!» esclamò Meg.
«Io leggerò montagne di libri!» disse Jo.
«Io suonerò il pianoforte e metterò in ordine tra i vestiti delle mie bambole!» decise Beth.
Amy invece decretò che avrebbe passato il tempo a dipingere.
La madre udendo questi progetti scosse il capo dubbiosa. «Temo che l'ozio finirà per annoiarvi, tuttavia provate per una settimana, poi ne riparleremo...»
L'esperimento vacanze ebbe cosi iniziò.
Le ragazze fecero quello che avevano deciso: Meg dormì fino a tardi, Jo lesse tanto da essere sfinita, Beth e Amy suonarono e dipinsero con scarso impegno.
Nessuno si occupò della casa e dei pasti, e siccome anche Hannah aveva preso un periodo di riposo, così pranzo e cena furono alquanto frugali e insapori.
I primi giorni della settimana trascorsero in questo modo; intanto il tempo si era guastato e l'umore delle ragazze peggiorava continuamente a vista d'occhio. Nessuna di loro voleva però cedere.
Sabato la situazione precipitò.
Quel mattino Beth entrò in salotto piangendo. La madre e le sorelle la guardarono sbalordite.
«Il mio povero Pip è morto! Non gli ho dato da mangiare e da bere e lui è morto...» singhiozzava Beth disperata.
Le sorelle cercarono di consolarla, ma invano.
Beth riuscì a rasserenarsi un po' soltanto quando Meg le promise che avrebbero sepolto il povero canarino nell'angolo più bello del giardino. In casa March tirava insomma un gran brutta aria: tutte erano tristi e depresse.

Jo, con la sua abituale baldanza, decise di prendere in mano la situazione. Erano ormai giorni che mangiavano poco e male: avrebbe cucinato lei un buon pranzetto e avrebbe anche invitato Laurie. Quindi andò al mercato dove comprò un'aragosta, degli asparagi e delle fragole. Jo era convinta di avere fatto degli ottimi acquisti, in realtà, la qualità di ciò che aveva comprato era alquanto dubbia...
Una volta a casa, la ragazza decise di cimentarsi in una cosa che non aveva mai fatto: il pane! Ma l'impasto però non lievitò bene e il pane alla fine, con grande delusione della ragazza, risultò un vero disastro! Pazienza, Jo non era certo un tipo da scoraggiarsi, decide quindi di preparare le altre pietanze. Ma nessuna preparazione riuscì a dir poco presentabile.
Gli asparagi erano troppo "cotti", l'aragosta "troppo" piccola e infine la panna che avrebbe dovuto guarnire le fragole (acerbe!), non montò.
«Che cosa dirà Laurie!» gemette sconsolata.
Ma il peggio doveva ancora venire...
La signora March aveva invitato a pranzo anche la signorina Crocker, conosciuta da tutti come una incoercibile pettegola. Quando Jo venne a saperlo svenne.
Il pranzo ebbe inizio, le portate sfilarono a una a una sulla tavola.
Era praticamente impossibile mangiarle e i piatti venivano riportati in cucina... perfettamente intatti!
Amy tratteneva a stento il riso, Meg teneva gli occhi bassi mentre la signorina Crocker aveva un'aria disgustata. L'unico che chiacchierava tranquillo era Laurie: lui si stava divertendo un mondo.
Jo se avesse potuto si sarebbe scavata una fossa e ci si sarebbe nascosta dentro; ma ahimé, non era possibile.
Finalmente arrivò il momento di portare in tavola il dolce. La "cuoca" sperava molto nelle fragole, quelle almeno non le aveva cucinate lei.
La signora Crocker le assaggiò per prima: il suo volto si contrasse in

una smorfia orribile poi, afferrato il bicchiere colmo d’acqua, lo vuotò tutto d’un fiato. Amy invece, dopo aver inghiottito una cucchiaiata... scappò via da tavola tossendo.

«Che cosa succede?» chiese Jo sbalordita.
«Hai messo il sale al posto dello zucchero!» rispose Meg con un filo di voce.
Laurie a quel punto scoppiò a ridere e la sua ilarità fu contagiosa.
In un batter d'occhio sulla tavola comparvero prosciutto, burro e olive e tutti mangiarono di gusto.
Alla sera le ragazze confidarono alla madre che quella settimana di vacanza era stata un vero disastro. L'ozio, convennero, non era affatto divertente.

A Luglio e ad Agosto l'estate portò giornate calde e bellissime e le ragazze March ne approfittarono per fare gite spensierate e passeggiate.
Un giorno Jo ricevette un biglietto di Laurie che invitava a un pic-nic lei e le sorelle; aveva ospiti: alcuni ragazzi inglesi che aveva incontrato durante un viaggio in Europa, e voleva presentarli alle amiche.
«Magnifico!» esclamò Jo con l'abituale entusiasmo.
«Speriamo che non siano troppo snob...» borbottò Meg preoccupata.
«Indosserò il mio vestito di percalle francese, è ancora in ordine.»
«Io invece preferisco mettere qualcosa di comodo!» decretò Jo. «Così potrò remare senza problemi!»
Beth esitava, la sua abituale timidezza le creava come al solito dei problemi. Rifletté e rifletté ancora poi obiettò:
«Mi piacerebbe venire, però...» chiese alle sorelle «...non lasciatemi sola con i ragazzi inglesi, non saprei cosa dire loro!» Le sorelle la rassicurarono.

L'indomani la giornata era bellissima, il tempo ideale per un pic-nic.
I ragazzi inglesi familiarizzarono subito con Jo e le sorelle e l'allegra comitiva si divertì moltissimo.

Meg, dal canto suo, dimostrò di apprezzare la compagnia del signor Brooke, il precettore di Laurie. Era un giovanotto serio e taciturno che sorrideva felice soltanto quando poteva stare vicino alla fanciulla. Nel tardo pomeriggio la compagnia rientrò a casa, ci furono i saluti di rito; l'indomani i ragazzi inglesi sarebbero ripartiti. Le ragazze March augurarono loro un buon ritorno in patria.

Anche settembre passò e un forte acquazzone decretò la fine dell'estate.

Jo non rimpiangeva che l'estate fosse finita e passava gran parte del suo tempo in soffitta a scrivere. Il suo solo compagno era Scrabble, un topolino grigio che passeggiava tra le pile di fogli che instancabilmente la ragazza riempiva.

Una mattina d'ottobre Jo, riempito l'ultimo foglio, lo firmò con uno svolazzo.

«Ecco, ho fatto quanto potevo!».

Raccolse tutte le sue carte, le infilò in una cartellina e uscì dalla soffitta. Scese le scale il più silenziosamente possibile, afferrò al volo il cappello e il cappotto e si precipitò fuori casa senza essere vista. Andò in città con il tram, percorse un isolato a piedi e arrivò dinanzi a un portone, qui esitò un attimo, poi, ritrovata la sua abituale baldanza entrò e scomparve.

Uscì dopo circa una mezz'ora e quasi andò a sbattere contro Laurie.

«Ehi, Jo! Che cosa fai da queste parti? Hai l'aria stravolta, sei andata dal dentista?»

Ma no! Che cosa ti salta in mente?

«Sei uscita da quel portone con una tale faccia...»

«Si tratta di un segreto.»

«Un segreto? Confessa. Sono o non sono il tuo migliore amico?»

Jo esitava. «Se mi confidi il tuo segreto, ti racconterò anch'io qualcosa di molto interessante!»

«Ho portato i miei racconti a un editore!» esclamò Jo. «Ora parla tu!» Laurie finse di non sentire. «Diventerai famosa, ne sono certo!» Jo lo fulminò con un'occhiataccia.
«D'accordo. Si tratta di Meg.» disse il ragazzo. «Ti ricordi che aveva perso un guanto? Ebbene io so dov'è!»
Jo lo guardò con aria interrogativa.
«L'ha preso Brooke, il mio istitutore. Sai, io credo che sia innamorato di lei!»
«Non dire stupidaggini. Meg è troppo giovane per avere un innamorato!» Protestò la ragazza.
L'idea che la sorella potesse sposarsi e andare via di casa le sembrava terribile, e la scacciò subito via.
Nei giorni che seguirono Jo spiava con ansia l'arrivo del postino. Ogni volta chiedeva se ci fosse posta per lei e ogni volta l'uomo scuoteva il capo.
Finché un giorno la lettera arrivò.
Jo aprì la busta con mani tremanti. Dentro trovò un giornale sul quale era stato pubblicato il suo racconto; la ragazza si precipitò in casa e diede la notizia. Le sorelle le furono subito intorno. «Leggilo, ti prego!» la scongiurò Meg.
«Sono così orgogliosa di essere tua sorella!» disse dolcemente Beth.
Anche la mamma l'abbracciò con affetto.
Jo sorrideva felice.
«Io sono così emozionata... forse con il tempo potrò vivere del mio lavoro... potrò aiutare la mia famiglia...»
La ragazza tacque, troppo commossa per continuare e sul giornale caddero lacrime di gioia.

Quella era stata una gran giornata per la famiglia March.
Il successo di Jo tuttavia non aveva portato dei cambiamenti nella vita

delle sorelle March, e Meg in quel periodo sembrava essere particolarmente scontenta.
«Uffa! Novembre è un mese odioso!» brontolò. «Piove sempre, non c'e mai niente da fare.»
«Puoi scommetterci, è il mese in cui sono nata.» ridacchiò Jo.
Meg sembro non apprezzare la battuta della sorella.
«In questa casa non succede mai niente d'interessante, bisogna lavorare, lavorare e basta.»
«Se diventerò famosa, ti comprerò dei bei vestiti e potrai andare in giro a divertirti.» cercava di consolarla Jo.
«Grazie tante, ma... campa cavallo!»
L'arrivo di Laurie e della signora March distolse Meg dai suoi pensieri funerei.
Il ragazzo riusciva sempre a portare una ventata di allegria.
«Che ne direste di andare a fare un giro in carrozza?»
«Oggi ho studiato troppo...» rise «...e adesso devo distrarmi un po'!»

Una scampanellata interruppe il giovane, e di lì a poco entrò in salotto la vecchia Hannah che porse alla padrona un telegramma. La signora March lo aprì.
Jo lo prese e lesse ad alta voce:
"Marito assai grave Stop Venite subito Stop Ospedale di Washington"
Un silenzio glaciale scese nella stanza; la prima a riprendersi fu la madre.
«Partirò immediatamente. Meg, aiutami a fare le valigie.»
«Posso fare qualcosa?» chiese Laurie.
La signora March lo guardò, con affetto: «Ti sarei grata se telegrafassi all'ospedale avvertendoli del mio arrivo.»
Il signor Laurence appena seppe quanto era successo, intervenne per dare anche lui un aiuto. Invio a casa March un cesto pieno di bottiglie di ottimo vino e di cibi sostanziosi. «Serviranno a rinvigorire l'ammalato!» disse e poi convinse la signora March ad accettare la compagnia, durante il viaggio, del signor Brooke l'istitutore di Laurie.
Intanto, mentre tutti erano impegnati a organizzare la partenza della madre, Jo uscì di casa in gran fretta, senza che nessuno la vedesse.
Dopo circa un'ora tornò e in silenzio porse alla signora March alcune banconote. La madre guardò stupida il denaro ed esclamò preoccupata:
«Che cosa significa? Dove l'hai preso?»
«È per papà... perché possa guarire presto!» disse Jo con voce tremante, poi continuò arrossendo. «Il barbiere mi ha pagato molto bene... ho venduto i miei capelli...»
Jo a quel punto si tolse il cappello che aveva sempre tenuto ben calzato in testa.

La madre e le sorelle la guardarono inorridite: i suoi bei capelli castani, lunghi e ricci, erano spariti.
La capigliatura di Jo era adesso ridotta a corte e irsute ciocche che la facevano somigliare a un porcospino.
La mamma l'abbracciò commossa, sapeva quanto Jo teneva ai suoi capelli e capiva quanto grande era stato il suo sacrificio.
Venne il momento della partenza e degli addii. Le ragazze si strinsero per l'ultima volta alla mamma sorridendo coraggiose.
La vita riprese a trascorrere tranquilla: le ragazze tornarono alle loro occupazioni. Meg insegnava ai ragazzi King, Jo faceva compagnia alla vecchia zia March, Beth e Amy studiavano e aiutavano Hannah nelle faccende domestiche.
Intanto da Washington cominciarono ad arrivare notizie rassicuranti: il padre era fuori pericolo, ma la convalescenza sarebbe stata lunga.
Un pomeriggio, mentre erano sedute tutte e quattro in salotto, Beth sospirò: «Da quando la mamma è partita non siamo più andate a trovare gli Hummel, e lei si era tanto raccomandata...».
Gli Hummel erano quella povera famiglia alla quale, il giorno di Natale, le ragazze avevano portato la loro colazione.
«Mmm, sono raffreddatissima.» brontolò Jo. «Non me la sento proprio di uscire. Andrei domani.»
«Io sono stanca morta...» gemette Meg. «Oggi i ragazzi King sono stati insopportabili!»
Amy ignorò del tutto il problema: finse di non sentire e continuò a disegnare. Beth si alzò con aria stanca, neppure lei si sentiva troppo bene, aveva un gran mal di testa, ma il pensiero di quella povera gente la tormentava. Senza esitare andò in cucina e preparò un cesto con qualche bottiglia di vino e una focaccia ancora calda, poi, indossò cappotto e cappello e uscì.
Tornò che era già buio e nessuno la vide entrare.

All'ora di cena Jo la trovò in camera: Beth era seduta in poltrona e singhiozzava disperatamente.
Jo la guardò preoccupata: «Beth, tesoro! Perché piangi? Che cosa è successo?».
«Oh, Jo... Sono disperata! Il bambino degli Hummel, il più piccolo, è morto!» Beth prese a singhiozzare convulsamente. «Il medico è arrivato troppo tardi, nessuno lo aveva chiamato in quanto non c'era denaro sufficiente per pagarlo...
E quel povero piccolo mi è morto tra le braccia.»
Jo fissava la sorellina, lo sguardo impietrito.
«Posso sapere di che cosa e morto?» chiese con un filo di voce.
«Di scarlattina. Il medico, per prevenzione, mi ha dato delle medicine e mi ha consigliato di mettermi a letto. Mi ha detto che è una malattia molto contagiosa, e c'e il rischio che possa contrarla anch'io.»
Jo era sconvolta e si sentiva terribilmente in colpa per non essere andata lei dagli Hummel.
Tuttavia non si perse d'animo. Era convinta che bisognasse agire, e in fretta! Mise Beth a letto e corse ad avvisare Meg e Hannah.
«Dobbiamo subito chiamare il medico!» esclamò con decisione la ragazza. «Poi occorre pensare ad Amy: anche lei è in pericolo!»
Amy infatti, a differenza di Meg e Jo, non aveva avuto la scarlattina.
«Ho un'idea, Jo: potremmo mandarla da zia March!» suggerì Meg.
«Mi sembra un'ottima idea.» rispose Jo.
Amy era di tutt'altro parere.
«No, non voglio, la zia è una vecchia brontolona e mi annoierà a morte!» Le sorelle maggiori, però avevano già deciso e furono irremovibili. Ad Amy non restò che rassegnarsi.
Poi, di comune accordo, le due ragazze decisero che non avrebbero detto nulla alla madre, la quale era già turbata da troppe preoccupazioni! Se la sarebbero sbrigata da sole senza coinvolgerla.

Le condizioni di Beth si aggravarono quasi subito. Il medico andava a casa March ogni giorno, ma era preoccupato.
Purtroppo non c'erano cure, e si poteva fare assai poco. L'unica cosa era aspettare e sperare che la malattia regredisse.
Jo e Hannah si alternavano al capezzale della malata, Meg si occupava della casa e Laurie cercava in ogni modo di rendersi utile. L'aiuto del ragazzo era prezioso: sbrigava le commissioni, portava cibi sostanziosi e non si dimenticava di andare a trovare Amy da zia March.
Poi un giorno la situazione sembrò precipitare: Beth aveva la febbre altissima e non riconosceva più le persone che le stavano accanto.
Meg e Jo erano disperate. Laurie decise d'intervenire e uscì in fretta da casa March. Tornò di lì a poco.
«Jo, ho spedito un telegramma a tua madre, deve essere messa al corrente della situazione. Spero di non aver commesso un errore.»
Il giovane guardava ansioso l'amica.
La ragazza per tutta risposta lo abbracciò piangendo.
La risposta della Signora March non tardò: sarebbe arrivata già l'indomani.
Come sempre Jo passò la notte al capezzale di Beth.
Era l'alba quando la ragazza notò un cambiamento nelle condizioni della malata. Beth non aveva più il volto rosso acceso e non respirava più a fatica. La crisi era passata, e lo confermò il dottore che come ogni giorno era passato a visitarla.
Era mezzogiorno quando suonò il campanello di casa: era la mamma.
Le lacrime e gli abbracci si sprecarono, ma erano lacrime di gioia e di sollievo!
Era tutto passato, tutto finito: Beth sarebbe guarita!
A quel periodo cosi triste ne seguì uno felice e sereno. Beth migliorava ogni giorno e appena fu scongiurato il pericolo del contagio, Amy ritornò a casa.

Il suo soggiorno a casa di zia March non era stato molto piacevole e fece ridere tutti facendo un buffo resoconto delle sue giornate.
«Al mattino dopo aver fatto colazione e lavato le tazze dovevo spolverare la mia camera. Zia March veniva a controllare che non ci fosse più nemmeno un granello di polvere. Il pomeriggio era ancora peggio, dovevo leggerle per ore dei libri noiosissimi.» Amy riprese fiato e ridacchiò... «Per fortuna spesso la zia si addormentava e ne approfittavo per sgattaiolare via. Insomma, se qualche volta non fosse venuto Laurence a trovarmi, di certo sarei morta di noia!»
«Povera cara Amy...» disse dolcemente Beth.

«Oh, Beth! Io ero tanto preoccupata per te...» la ragazzina guardò piena di rimorso la sorella. «Pensavo che se tu fossi morta, sarei morta anch'io, e così ho fatto testamento.»
Amy aveva parlato seriamente ma la madre e le sorelle trattennero a stento il riso.
«Però ora che sei guarita, non morirò più nemmeno io!» concluse allegramente la ragazzina. «Credo proprio di poterlo stracciare!»
Da Washington intanto giungevano di frequente notizie: il signor March stava molto meglio e sperava di poter tornare presto a casa. Nelle sue lettere parlava spesso del signor Brooke, lodandone le buone qualità.

Jo non aveva dimenticato il segreto che le aveva svelato Laurie e decise di parlarne alla madre.
Approfittò di un momento in cui erano sole e le raccontò l'episodio del guanto smarrito.
«Pensi che Meg ne sia innamorata? Sarebbe terribile!»
La signora March scoppiò a ridere.
«Tesoro, come sempre sei troppo impulsiva nell'esprimere i tuoi giudizi. Il signor Brooke è un bravo giovane, serio e onesto, tuttavia non ha ancora una posizione economica solida e Meg, in ogni caso, è molto giovane!»
«Oh, com'è complicata la vita...» brontolò Jo. «So che non mi sposerò mai: impegnerò il mio tempo scrivendo, e diventerò una famosa letterata.»
La madre rise divertita.
Jo fu distolta dai problemi sul futuro di Meg perché il Natale era alle porte e in casa March stavano fervendo i preparativi, come ogni anno.
La vigilia di Natale portò un ulteriore dono: ci fu una grande nevicata che rese tutto magico.

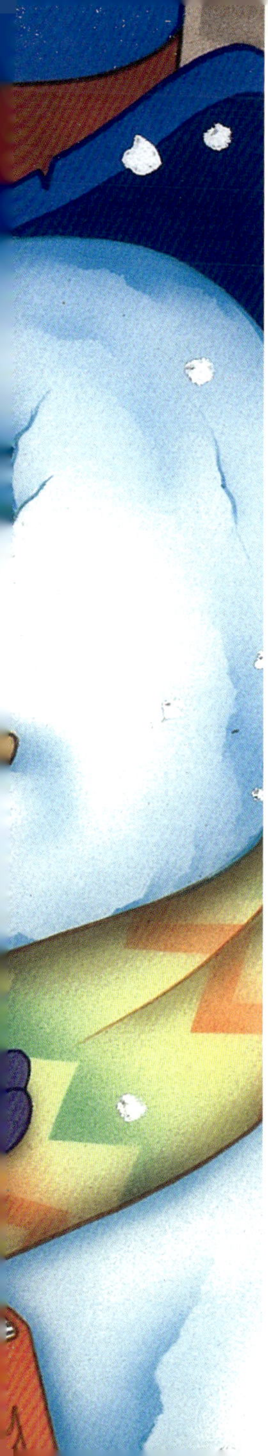

Jo e Laurie decisero di fare una sorpresa a Beth. La fanciulla, ancora convalescente, certo non poteva uscire. I due ragazzi fecero in giardino un enorme pupazzo di neve e lo addobbarono di doni: un cesto di frutta, un libro di musica, uno scialle bellissimo. Naturalmente erano tutti regali per Beth che commossa ammirò quel capolavoro dalla finestra del salotto...

Il Natale, quell’anno, portò regali davvero bellissimi a tutti!
Meg ebbe in dono dal signor Laurence un elegantissimo abito in seta; Jo alcuni libri che desiderava da tempo; Amy un bel quadro.
L’anziano gentiluomo non aveva dimenticato neppure la signora March, alla quale donò un medaglione con dentro una ciocca di capelli di ognuna delle sue figlie!
Il regalo più gradito per tutti fu però una lettera del signor March che annunciava il suo arrivo imminente.
Beth comodamente seduta in poltrona si guardò intorno commossa.
«È il giorno più bello della mia vita, mi sembra di scoppiare di felicità!» Nella stanza scese un pesante silenzio, e il pensiero di ognuna di loro era volato lontano... Improvvisamente udirono una scampanellata che le distolse da quei pensieri.
Entrò Laurence e annunciò allegramente: «Ecco un altro regalo per la famiglia March!».

Quindi si ritrasse per far entrare un uomo alto, avvolto in un pesante pastrano, appoggiato al braccio di un altro uomo. Papà era tornato!
Per un attimo nella stanza regnò il caos assoluto. Poi la signora March volò tra le braccia del marito.
Jo quasi perse i sensi, tanto che Laurie dovette sostenerla; Amy inciampò e riuscì ad abbracciare soltanto gli stivali del padre. Nell'euforia generale il signor Brooke abbracciò e baciò Meg, scusandosi poi imbarazzato.
La prima a riaversi dalla splendida sorpresa fu la signora March.
«Beth! Dobbiamo pensare a Beth!»
Ma anche la fanciulla, malgrado la debolezza, era riuscita ad alzarsi, e stava volando tra le braccia del padre. Il pranzo di Natale fu un vero capolavoro. Questa volta la vecchia Hannah aveva davvero superato se stessa! Tra gli invitati erano presenti anche il signor Laurence, Laurie e il signor Brooke, quest'ultimo oggetto di feroci occhiate da parte di Jo; occhiate che suscitavano l'ilarità di Laurie e l'imbarazzo di Meg. Alla sera, quando gli ospiti se ne furono andati, la famiglia March si riunì accanto al fuoco.
«Ragazze, vi ricordate come eravamo tristi lo scorso Natale?» disse Jo interrompendo il silenzio che si era creato.
«Oh, non è poi stato così terribile!» esclamò Meg.
«Per me è stato un anno orribile.»
Amy ricordava il periodo trascorso a casa di zia March.

«È tutto passato...» disse dolcemente Beth.
«Mi rendo conto che è stato un anno duro...» esclamò il signor March «...e la mamma mi ha detto che vi siete comportate molto bene.»
La madre annuì sorridendo. Quindi il padre elogiò le figlie, a una a una. «Meg, so che hai lavorato duramente e lo dimostrano le tue mani. Un tempo erano liscie e curate, ora hanno qualche callo e qualche bruciatura...» Il signor March le accarezzò le mani dolcemente.
«Non riconosco più la mia Jo con questi corti capelli ricci, ma la ringrazio per la sua generosità!» «Così come ringrazio Dio che non mi ha portato via la mia dolce Beth.» Adesso era venuto il turno di Amy, che seduta ai piedi del padre, alzò gli occhi ansiosa di sentire il giudizio del papà su di lei. «Anche la mia piccolina è migliorata, l'ho notato oggi. È maturata, è diventata più gentile e premurosa e anche meno vanitosa!» Poi il signor March scoppiò a ridere: «Inoltre noto che ha un nuovo anello anche se non lo sfoggia troppo; sono molto orgoglioso anche di lei!».
Jo guardò la sua famiglia, con uno sguardo li abbracciò tutti e pensò a Laurie, al signor Laurence e anche a... Brooke.
Capì che senza amore il mondo sarebbe stato meno bello.

Jules Verne

Viaggio al Centro della Terra

Mio zio è il professor Otto Lidenbrock. È un uomo intelligente, colto, istruito e anche famoso. Purtroppo è anche assai irascibile!
Quella lontana domenica di maggio rientrò a casa di corsa e mi convocò imperiosamente nello studio; era il 24 maggio 1863. Avrei voluto nascondermi, ma le sue urla non mi davano scampo. Dal tono in cui mi chiamava pareva che avessero dato alle fiamme l'intera città, ma Amburgo era la solita. Le fiamme le avevo lì, a pochi metri.
«Axel! Vieni subito!»
Il suo studio è un vero e proprio museo. Lo zio, che tiene un corso di mineralogia allo *Johannaeum*, ha raccolto tutti i campioni del regno minerale che sono esposti etichettati e tenuti in perfetto ordine secondo le tre grandi divisioni dei minerali: infiammabili, metallici e litoidi. Lungi da me il vantarmi, posso dire di essere anch'io un esperto; grazie agli insegnamenti dello zio, ho coltivato in me la passione per la scienza e i suoi misteri.
«Che libro! Che libro!» stava esclamando quel fatidico 24 maggio quando lo raggiunsi...

Stringeva fra le mani un volume che pareva vecchio, anzi antico, ricoperto di un cuoio grossolano di un giallo stinto.
Lo osservavo da qualche minuto, ancora non avevo capito cosa in quel libro lo sconvolgesse tanto.
«Axel, come fai a non capire? Si tratta dell'*Heims-Kringla* di Snorri Turluson... Scommetto che non sai neppure chi è! È il celeberrimo poeta islandese del XIII secolo, e questa è la cronistoria dei prìncipi norvegesi che governarono l'Islanda... Ma la cosa fantastica è che si tratta di un manoscritto, un manoscritto runico...»
«Runico?»
«Ma sì, ignorante che non sei altro! Le rune sono caratteri di scrittura usati anticamente in Islanda. Si narra che fu lo stesso Odino a inventarli...
Tocca questo libro Axel, non senti? L'emozione sta per invadere tutto il tuo essere!»
Giuro che mi stavo sforzando di provarla quell'emozione e mentre allungavo le mani per toccare il misterioso libro, una pergamena unta e bisunta scivolò fuori da quelle pagine ingiallite posandosi leggiadramente sul tappeto.
Lo zio si precipitò con avidità sul misterioso cimelio, lo posò delicatamente sul tavolo e lo aprì.
Era una pergamena lunga forse cinque pollici e larga tre sulla quale si scorgevano allineati, in linee trasversali, alcuni caratteri misteriosi. Ecco di cosa si trattava:
«Sono caratteri runici! È chiarissimo. Sono gli stessi usati da Snorri Turluson, ma che vorranno dire?»

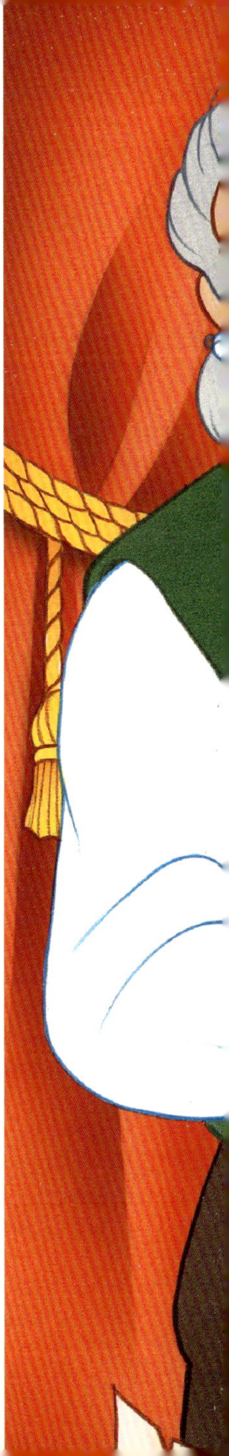

Una delle massime che io preferisco dice che se non si ha niente da dire è meglio stare zitti; e in quell'occasione l'applicai.
Lo zio intanto girava inquieto intorno al tavolo. In viso era paonazzo e, pur avendo la bocca chiusa, dalle sue labbra uscivano strani mugolii che mi autorizzai a pensare fossero parole di quella strana lingua.
Dopo qualche minuto di continui giri, mentre io me ne stavo lì impalato senza sapere cosa fare, si fermò di colpo e mi disse: «Siediti e scrivi... Ora ti detterò ciascuna lettera del nostro alfabeto che corrisponde a ciascuno di questi caratteri islandesi, vedremo cosa salterà fuori. Attento a non sbagliare!».
Ecco quello che trascrissi:

M.RNLLS	ESREUL	SEECJDE
SGTSSMF	UNTEIEF	NIEDRKE
KT,SAMN	ATRATES	SAODRRN
EMTNAEL	NUAECT	RRILSA
ATVAAR	.NSCRC	IEAABS
CCDRMI	EEUTUL	FRANTU
DT,IAC	OSEIBO	KEDIIY

"Incomprensibile!" pensai.
«Sembra un crittogramma... Le lettere devono essere state mischiate!» mormorava tra sé lo zio. «Queste lettere poi sono più antiche di quelle del libro, la doppia "M" non esisteva ai tempi di Turluson... Esaminiamo più da vicino il libro, chissà che scopra qualcos'altro...»
Lo zio andò al suo scrittoio e si mise a esaminare il testo con la lente d'ingrandimento, e dopo poco lanciò un urlo che mi spaventò. «Arne Saknussemm! Arne Saknussemm! Guarda Axel, nascosta in questa che pare una macchia c'è la firma in caratteri runici del grande Arne, un alchimista vissuto nel '500. Questo libro era suo e lui vi ha nascosto la pergamena che ora, ne sono certo, deve contenere un gran segreto, una scoperta sensazionale...»

«E perché mai avrebbe dovuto nasconderla?»
«Diavolo di un ragazzo! Dev'essere stato qualcosa che a quei tempi avrebbe fatto troppo scalpore. Non accadde lo stesso con Galileo? Ma posso garantirti che ora scoprirò il significato di questa scritta e sapremo anche noi cos'aveva in mente Arne... Dunque... Vediamo... Ci sono settantanove consonanti e cinquantatré vocali... Sembrerebbe proprio un idioma meridionale, italiano, francese oppure latino, la lingua dei dotti... Ma sì, giusto! È evidentemente un latino truccato. Potrei prendere la prima lettera d'ogni parola... Vediamo cosa viene fuori... Scrivi Axel!»
Io scrissi ubbidiente:

mmessunkaSenrA.icefdoK.
segnittamurtnecertserrette,rotaivsadua,
ednecsedsadnelacartniiiluJsiratracSarbmutabiledmekmere-
tarcsilucoYsleffenSnI

«Ma non ha senso... Ah, non ci siamo...» bisbigliò tra sé. Come un leone in gabbia di nuovo vorticava intorno al tavolo, poi raccolse il cappello e il bastone e senza dirmi più nulla se ne andò sbattendo la porta.
Rimasi nello studio e la prima cosa che feci fu quella di accomodarmi in poltrona! Poi presi in mano il foglietto e cominciai a concentrarmi su quelle lettere. Confesso che faticavo a farlo anche perché il mio pensiero correva più volentieri a Graüben, la figlioccia dello zio con la quale mi ero segretamente fidanzato.
Non potevo fare a meno di ripensare al suo dolce viso e alla sua voce melodiosa: lei forse sarebbe riuscita a far ragionare il professore...
Il messaggio misterioso continuava a turbinarmi in testa nella sua assoluta oscurità.

Poi la soluzione mi apparse come dal nulla sotto gli occhi, così chiara e semplice che mi stupii d'averci messo tanto. Ma quello che lessi mi sconvolse al punto che pensai di distruggere la pergamena...
Così, perso nei miei pensieri, non mi accorsi del tempo che passava e quando udii di nuovo la porta che sbatteva, capii che lo zio era tornato e non potevo più fare nulla.
Quando entrò, il viso tirato, lo sguardo distratto e le spalle curve, provai il desiderio di abbracciarlo.
«Forse ho capito come leggere la pergamena...» mormorai. Lui non mi rispose neppure.
«Zio... ho detto che forse ho decifrato il messaggio...»
«Cosa dici!? Quelle lettere non significano nulla!»
«Nulla se si legge dal principio, ma se lo si fa dalla fine...»
Lo zio mi strappò la pergamena di mano e lesse tutto d'un fiato:

> *In Sneffels Yoculis craterem kem delibat umbra Scartaris Julii intra calendas*
> *descende, audas viator, et terrestre centrum attinges. Kod feci. Arne Saknussemm.*

Si trattava davvero di latino, assai impuro, ma abbastanza comprensibile. La traduzione poteva suonare così:

> *Discendi nel cratere di Yocul dello Sneffels che l'ombra dello Scartaris viene a lambire prima delle calende di luglio, viaggiatore ardito, e perverrai al centro della Terra. E questo ho fatto io, Arne Saknussemm.*

«Bravo Axel, bravissimo! Ah, sei stato un genio, per questo ti porterò con me al centro della Terra, è giusto che anche tu possa godere della gloria che ci aspetta!»

Quello che avevo temuto si stava avverando: il professore mi avrebbe trascinato in quell'incredibile avventura...
Lo zio e io non eravamo della stessa opinione su ciò che avremmo trovato al centro della Terra; io sostenevo che il calore sarebbe stato grandissimo mentre lui era del parere opposto. Anche la scienza era divisa, per questo il professore riteneva che la cosa migliore fosse verificare di persona. Secondo il vecchio Arne bisognava trovarsi all'inizio di luglio in Islanda, sulla bocca, per fortuna spenta, del cratere di Yocul; non restava che organizzare velocemente il viaggio. In questo il professore fu davvero grande: si occupò di tutto comprando e ordinando gli strumenti più moderni che il mercato offriva.
Io invece mi struggevo al pensiero di dover lasciare la mia dolce Graüben, ma lei mi rassicurò dicendo che al mio ritorno ci saremmo sposati. Dubitavo molto del mio ritorno, non dei suoi sentimenti, perciò quando partimmo alla volta dell'Islanda non ero per niente felice...

Il viaggio fu abbastanza buono, raggiungemmo la grande isola senza incidenti; a Reykjavìk, la capitale, alloggiammo da un amico del professore che fra l'altro ci raccomandò come guida Hans, un ragazzone alto e robusto, molto flemmatico, che m'ispirò subito una sensazione di sicurezza e, Dio mi è testimone, ne avevo proprio un gran bisogno!

Prima di partire con i cavalli alla volta dello Sneffels, lo zio controllò tutti i nostri averi.
Oltre alle provviste per sei mesi, al gin e all'acqua (poca perché il professore era convinto che ne avremmo trovata a sufficienza sottoterra), alle armi (dubitavo le avremmo usate) avevamo anche un termometro centigrado di Eigel, graduato fino a 150°, un manometro ad aria compressa, costruito in modo da indicare le pressioni superiori a quelle dell'atmosfera al livello dell'Oceano (infatti il barometro comune

non sarebbe stato sufficiente dato che la pressione atmosferica doveva aumentare proporzionalmente alla nostra discesa sotto la superficie della Terra), un cronometro perfettamente regolato sul meridiano di Amburgo, due bussole d'inclinazione e di declinazione magnetica, un cannocchiale per la visione notturna e infine due rocchetti di Ruhmkorff che, per mezzo di corrente elettrica, avrebbero alimentato una lanterna portatile sicura e poco ingombrante.
Naturalmente avevamo anche una farmacia portatile, indumenti di ricambio, sei paia di scarpe impermeabilizzate con catrame, corde robuste, due picconi, un paio di zappe, una scala di seta, un'ascia, un martello, cunei e chiodi ad anello e tre bastoni ferrati.

Così carichi arrivammo senza nessun impedimento al cratere dello Sneffels; quest'ultimo si presentava come un cono rovesciato e una delle due cime che avevamo dovuto risalire per raggiungerlo era chiamata dagli Islandesi *Scartaris*, come aveva lasciato scritto Arne.

Ci preparammo così a discendere, dopo aver liberato i cavalli che avrebbero trovato da soli, beati loro, la via del ritorno.
Anche se fu complicato portare tutto in fondo al cratere, ci riuscimmo; pareva di scendere dentro un trombone e il mio pensiero era fisso sulla possibilità che il vulcano si potesse svegliare all'improvviso ributtandoci a pezzetti sulla campagna islandese. In fondo al cratere vi erano tre camini, dai quali fuoriuscì la lava ai tempi dell'eruzione, nel 1229.
Non restava che aspettare la fine di giugno: quale camino avrebbe lambito l'ombra della cima dello Scartaris?
Per un paio di giorni ci fu vento e nevischio; Hans aveva costruito un rifugio usando blocchi di lava ma la sistemazione non era poi così confortevole. Speravo ardentemente che il tempo si mantenesse brutto così da pregiudicare la nostra partenza.
Lo zio andava da un camino all'altro, ispezionando e studiando, sempre preso dai suoi calcoli; un giorno, osservando una parete di granito, vi scoprì incisa, logorata dal tempo ma ancora leggibile, la firma in caratteri runici di Arne Saknussemm.

Domenica 28 giugno la Luna cambiò e anche il tempo mutò; l'alba sorse chiara e serena, il sole si levò nel cielo azzurro e inondò il cratere. L'ombra dello Scartaris si allungò fino a noi; simile a un ago vibrante, si spostava continuamente fino a quando segnò, senza alcun dubbio, la bocca del camino centrale.
«Eccola, eccola!» gridò lo zio. «È la strada per il centro della Terra! Andiamo presto, in marcia!»
«*Forut!*» disse Hans.
«Andiamo!» rispose lo zio.
Era un'ora e tredici minuti dopo mezzogiorno. Eravamo emozionatissimi! Ci dividemmo i bagagli fragili e ognuno di noi se li sistemò sulle spalle. Gli altri furono imballati saldamente e gettati lungo l'orifizio.

La caduta dell'involto, che udii arrivare dopo parecchi secondi, non mi incoraggiò per niente. Sistemammo le corde con un nodo speciale che ci permetteva di recuperarle, dopo averle affrancate a massi ben saldi o speroni robusti di roccia, a mano a mano che scendevamo; quel primo giorno ci calammo continuamente per oltre sette ore, parlando pochissimo.
L'oblò di luce sopra di noi si restringeva sempre più, e io invidiavo l'entusiasmo dello zio e la calma di Hans. Quando raggiungemmo il fondo la luce era un puntino lontano; eravamo sfiniti ma, recuperati i viveri, mangiammo e poi ci sistemammo per la notte.

Mi addormentai mentre lo zio mi spiegava di aver individuato un corridoio che piegava obliquamente verso destra. Lo imboccammo il mattino dopo, verso le nove, dopo un'abbondante colazione e dopo che lo zio ebbe scritto i suoi appunti di viaggio.
Quel corridoio era stato scavato dalla lava durante l'antica eruzione; essa ricopriva l'interno del passaggio con un intonaco spesso e brillante.
Le nostre lampade rivelavano un paesaggio affascinante; la lava, in alcuni punti porosa, presentava piccole ampolle allungate e arrotondate in cui erano racchiusi alcuni quarzi limpidi che ricordavano le gocce di cristallo dei lampadari. La bussola segnava costantemente la direzione sud-est, come se il sentiero proseguisse in linea retta. La temperatura era di 10°, forse lo zio aveva ragione quando sosteneva che non esisteva un nucleo di fuoco al centro della Terra.
L'unica cosa che mi preoccupava era la scorta dell'acqua: diminuiva senza che potessimo rifornirci. Chiesi allo zio cosa ne pensasse. «Vedrai che alla fine del corridoio ne avremo finché vorremo!» rispose sicuro.
«Già, se arriveremo alla fine...» borbottai tra me.

Secondo i nostri calcoli avevamo già superato i seimila piedi di profondità e la temperatura avrebbe dovuto essere di 81° invece eravamo a soli 15°, un fatto che c'invitava a riflettere. Discendevamo sempre più quando ci trovammo di fronte a una biforcazione; lo zio, che forse non volle mostrare esitazione, scelse il cunicolo che piegava verso est, addentrandosi in quell'oscuro budello; ben presto la lava si sostituì alla roccia viva. Il massiccio si componeva di strati inclinati e disposti verticalmente: eravamo in piena era di transizione, in pieno periodo siluriano. A mio parere era evidente che avevamo sbagliato strada perché, abbandonando la via della lava, non saremmo mai arrivati al focolare dello Sneffels. Pensai che se avevo ragione di lì a poco avremmo trovato resti di piante di quel periodo, e così fu. Sulle pareti si vedevano distintamente le impronte dei *fucus* e dei *lipodi*.
«Ebbene?» chiesi allo zio perché riconoscesse l'errore.
Seccato mi rispose: «Ammetterò il mio errore quando sarò arrivato in fondo a questa galleria!».
«E l'acqua? Quando la troveremo?»
«La troveremo, intanto la razioneremo.»
Non potei dire altro.

Camminammo per tre giorni parlando poco, come se il mutismo di Hans ci avesse contagiati; la strada pareva risalisse e le rocce avevano lasciato posto a marmi dalle più diverse sfumature che portavano le impronte di animali primitivi. Al posto dei rudimentali trilobiti scoprivo i resti di un ordine più perfezionato, come i pesci *Ganoidi* e i *Sauropteri*: stavamo risalendo la scala animale. Lo zio aspettava di trovare un pozzo verticale che gli permettesse di riprendere la discesa ma presto ci ritrovammo nel mezzo di una miniera carbonifera. Per me era facile individuare le vene di carbone separate dagli strati di arenaria e di argilla. In quella età del mondo che precedette l'era

secondaria, la Terra si era ricoperta di vegetazione che poi, trascinata e divelta da sconvolgimenti terrestri, aveva formato depositi naturali che nel corso dei secoli si erano trasformati in carbone.
C'eravamo fermati a mangiare qualcosa; il razionamento dell'acqua cominciava a farsi sentire e il mio morale era a terra. L'escursione nella miniera durò soltanto fino a sera; infatti all'improvviso ci trovammo davanti un muraglione impenetrabile. Sopra, sotto e ai lati non vi era altro che quel muro impenetrabile.
«Ora so che Saknussemm non passò di qua. Dovremo tornare indietro.» disse finalmente lo zio.
«Già, se ce la faremo!» risposi io. «Domani saremo senz'acqua.»
«E pensi che questo basterà a fermarci?» mi chiese il professore severamente.
Non ebbi il coraggio di rispondere.

La mattina seguente, dopo una notte che avevo passato sognando cascate, laghi e fresche fonti alpine, ci rimettemmo in marcia. Le sofferenze di quelle ore sono ancora molto vive in me: il pensiero costante era che non ce l'avremmo fatta, mai più avrei rivisto la mia dolce Graüben, nessuno sarebbe venuto a cercarci là sotto; lo zio pareva non sentire la fatica e nemmeno Hans sembrava turbato. Li invidiavo ma le forze mi stavano abbandonando. Non so come, ma tornammo al bivio e imboccammo l'altra galleria. Non ce la facevo più, mi trascinavo sotto il peso del mio carico, la gola arsa, le labbra spaccate. Vedevo davanti agli occhi dei luccichii, poi sentii che le gambe non mi reggevano più e svenni. Il professore mi raccontò che rimasi per oltre un'ora in stato d'incoscienza, e quando rinvenni lo trovai, spaventato e in lacrime, chino su di me che cercava di mettermi in gola le ultime gocce d'acqua della sua borraccia. In quel momento Hans, che era andato avanti in esplorazione, tornò di corsa.

«*Vatten!*» disse.
«Acqua!» rispose mio zio. «*Hvar?*» chiese poi all'islandese.
«*Nedat.*»
Là sotto, aveva risposto Hans. Ripresi subito le forze, mi rialzai, di nuovo animato, prendemmo tutte le nostre cose e seguimmo Hans. Uno stretto corridoio scendeva nelle viscere della Terra. A un tratto udimmo un rumore insolito provenire dalla parete di granito.
«Hans non sbaglia.» disse il professore. «È un torrente sotterraneo.»
Prima ancora che rispondessi, l'islandese aveva preso un piccone e poco alla volta intaccava la roccia. Nonostante ci fosse il pericolo di un crollo, eravamo così assetati che l'unica nostra preoccupazione si può ben dire fosse quella di bere. Hans picchiettava da più di un'ora quando un getto fortissimo d'acqua lo investì in pieno facendolo urlare dal dolore. Stupito mi precipitai sull'acqua ma anch'io urlai: era caldissima.
«Acqua a cento gradi!» gridai.
«Si raffredderà.» rispose lo zio.
Quando la assaggiai, rimasi colpito dal sapore.
«È acqua ferruginosa!» esclamai.
«Eccellente per lo stomaco; contiene un'alta percentuale di minerali, meglio ancora di quella di Spa o Toeplitz! Chiameremo questo torrente *Hans-bach*, in onore della nostra guida... veramente in gamba!»
L'islandese non parve emozionarsi più di tanto.
Finalmente dissetati, nutriti dalle provviste e ben riposati, riprendemmo il viaggio seguiti, anzi preceduti, dal nostro torrente *Hans-bach* che seguiva la nostra stessa via e ci avrebbe dissetati lungo il viaggio.
Scendevamo dolcemente da alcune ore quando ci trovammo di fronte a un altro pozzo.
Ormai esperti, dopo la discesa nel camino del cratere, affrontammo anche questo con disinvoltura.

Secondo i nostri calcoli penetrammo altre due leghe nella crosta terrestre: ciò significava ben cinque leghe sotto il livello del mare. Di nuovo, eravamo ormai al 13 luglio, riprendemmo a scendere seguendo una galleria agevole e cinque giorni dopo, il 18 luglio, arrivammo in una specie di grotta piuttosto ampia. Il giorno seguente, domenica, lo dedicammo al riposo e il professore ne approfittò per riordinare i suoi appunti.
«Voglio fare alcuni calcoli per determinare la nostra esatta posizione. Al ritorno devo essere in grado di tracciare una carta del nostro viaggio. Ho annotato con cura gli angoli di pendenza per poter riportare i rilievi con sufficiente precisione. Prendi la bussola e dimmi cosa indica.»
«Est-quarto-sud-est.»
«Benissimo, ciò significa che abbiamo fatto ottantacinque leghe dal nostro punto di partenza.»
«Allora siamo sotto l'Atlantico?»
«Proprio così.»
«Incredibile! Magari in questo momento sopra di noi si sta scatenando una tempesta!»
«Può darsi, caro Axel. Inoltre siamo a sedici leghe di profondità.»
«Ma è il limite massimo che la scienza assegna allo spessore della crosta terrestre! Inoltre a questo punto dovremmo avere un calore di 1500°.»
«E invece cosa segna il termometro?»
«27° e 6 decimi.»
«Vedi che l'aumento proporzionale della temperatura è un errore? Cosa mi rispondi?»
Secondo me quelle pareti di lava che ci circondavano ci isolavano dal calore, che continuavo a supporre ci fosse, ma un altro problema mi assillava e ne parlai allo zio.

«Se i tuoi calcoli sono esatti sotto la latitudine dell'Islanda, da cui siamo partiti, il raggio terrestre è di circa 1600 leghe; ne abbiamo fatte dodici che corrispondono a 85 in diagonale, in venti giorni. Siccome 16 leghe fanno la centesima parte del raggio terrestre, significa che ci metteremo ben 2000 giorni, cioè circa cinque anni e mezzo a scendere!»

«Al diavolo i tuoi calcoli, Axel!» mi rispose lo zio con la sua solita ferrea determinazione...

Le due settimane successive continuammo a scendere tranquillamente, ma certo non posso dimenticare quello che mi accadde il 7 agosto, a trenta leghe di profondità. Camminavo in testa, tutto preso da un'attenta osservazione delle stratificazioni di granito. Mi ero fermato a esaminare da vicino alcune rocce, quando, guardandomi intorno, mi ritrovai solo. Subito pensai di aver camminato troppo in fretta, oppure che lo zio e Hans si fossero fermati.
Avevo deciso allora di tornare indietro; purtroppo, pur camminando per più di un quarto d'ora, non li avevo incontrati.
Non volevo credere di essermi perso, perché non avrei avuto scampo.

Continuai a camminare credendo di avvicinarmi a loro; non ricordavo di aver visto due strade, così mi dicevo che per forza ci saremmo riuniti. Eppure quando mi fermavo non udivo nulla e quel buio pesto intorno a me mi metteva i brividi.
Cercavo di non cedere alla disperazione, ma più il tempo passava meno mi sentivo sicuro. D'un tratto mi venne in mente l'Hans-bach: dov'era finito? Tastai per terra ma non lo trovai, allora fui certo di aver imboccato un'altra galleria e di essermi smarrito.
La prospettiva di morire torturato dalla fame e dalla sete, magari diventando pazzo, mi gettava nella disperazione più nera. Caddi malamente e mi ferii alla testa, sentivo il sangue colarmi lungo il volto; mi rialzai cercando di camminare ancora ma svenni di nuovo e andai a sbattere lungo una parete di granito.
Non so quanto tempo rimasi privo di sensi, al buio, perché cadendo avevo rotto la lampada, quando rinvenni ricordai subito la sventura che mi era capitata; atterrito cercai di guardarmi intorno ma non vedevo nulla.
La disperazione stava ancora per avere il sopravvento su di me quando mi sembrò di udire alcune voci.

"È un'allucinazione!" pensai.
Rimasi immobile tendendo l'orecchio fino allo spasimo. Le udii di nuovo. Non potevano essere che lo zio e Hans. Allora gridai più volte «Aiuto!» con tutta la mia voce, poi rimasi ad ascoltare. Trascorsero alcuni secondi infine udii la voce dello zio: «Axel, Axel, sei tu, ragazzo mio?».
La muraglia cui ero appoggiato conduceva le voci come il filo conduce l'elettricità.
«Zio, sono io...»
«Dove sei?»
«Non lo so...»
«E la lampada?»
«Spenta...»
«E il ruscello?»
«Sparito!»
«Non disperare, ti troveremo!»
Mi venne improvvisamente un'idea: «Zio, ascolta, hai sempre con te il cronometro?».
«Sì.»
«Bene, chiamami prendendo nota del minuto secondo in cui mi parlerai. Io ripeterò la parola e tu osserverai il momento preciso in cui ti giungerà...»
«Ho capito, la metà del tempo compreso fra la mia domanda e la tua risposta indicherà quanto la mia voce impiegherà per arrivare a te.»
Facemmo questo esperimento e siccome fra le due parole passarono 40 secondi, lo zio disse che la voce ci metteva 20 secondi a salire. A 1020 piedi il secondo facevano 20400 piedi, ovvero una lega e mezzo e un ottavo.
«Per raggiungervi, devo salire o scendere?» urlai.
«Scendere, noi siamo arrivati in un ampio spazio sul quale sboccano

moltissime gallerie. Quella dove ti trovi non può che finire qui perché sembra che tutte queste fenditure s'irraggino intorno a questa immensa caverna. Cammina, lasciati cadere e vedrai che ci raggiungerai!»
Siccome non avevo la forza di stare in piedi, mi avviai trascinandomi; la pendenza era molto ripida, scivolai e non riuscii più a fermarmi. Mi sentivo rotolare, poi caddi in un pozzo, battei la testa contro una roccia e, di nuovo, svenni.

Appena rinvenni udii la voce dolcissima dello zio: «Axel, Axel, stai bene?».
«Che giorno è?» chiesi.
«Oggi è domenica 9 agosto, e sono le undici di sera. Ora basta, non voglio più che mi parli fino... al 10 agosto! Dormi, hai perso molto sangue e hai bisogno di riposare.»
Udii Hans che mi diceva qualcosa poi mi addormentai, sfinito ma felice di non essere più solo.
Quando la mattina dopo mi svegliai mi sentivo di nuovo bene anche se indolenzito. Il mio giaciglio si trovava su finissima sabbia e intorno a me si apriva una grotta immensa, simile a una cattedrale.
Era ornata da magnifiche stalattiti che brillavano in quella che mi parve luce naturale. Sentivo sul viso alitarmi una brezza fresca e profumata; udivo il dolce sciacquio dell'onda infrangersi contro la rena. Pensai d'essere impazzito oppure che lo zio, rinunciando alla sua folle impresa, mi avesse trasportato, come per magia, in superficie. Piano piano mi alzai e vidi il professore venirmi incontro.
«Axel, ma che fai? Resta sdraiato...»
«Zio, ma dove siamo?»
«Sei sopravvissuto a una terribile avventura, non dovresti neppure muoverti e già vuoi sapere dove siamo!»
«Zio, sto benissimo, se non fosse che sento il rumore del mare e mi

sembra che il sole illumini questa caverna!»
«E allora vieni, vieni a vedere...»
Lo seguii camminando scalzo su quella morbidissima sabbia mentre la luce diventava sempre più intensa. La grotta finì e ne uscimmo; cercai di guardare dove fossimo e allora vidi il mare distendersi, vasto e azzurro, l'acqua increspata da piccole onde bianche simili a creste spumose; un vento leggero e profumato mi scompigliava i capelli.
«L'ho chiamato con il mio nome: *Mare Lidenbrock.*» disse lo zio.
«Il mare!» mi ripetevo guardandolo, osservando le nubi infittirsi sopra di esso e immaginando le piogge torrenziali che sicuramente portavano periodicamente.
La luce, a cui mi ero abituato, non era quella calda e viva del sole, era più fredda, come un'aurora boreale; la sua intensità, la diffusione tremolante, la bianchezza chiara e fredda, la bassa temperatura, lo splendore superiore a quello più spettrale della Luna, rivelavano la sua origine elettrica.
Quel cielo, se così potevo chiamare la volta di granito che non potevo vedere perché coperta dalle nuvole, ma presente, lassù a non so quante leghe di altezza, mi schiacciava, mi rendeva triste, nonostante la vastità dell'immensa caverna, probabilmente la più grande che ci fosse sul nostro Pianeta.
«Te la senti di fare quattro passi?»
«Certo...» risposi ancora stupito per quello che avevo visto.

Cominciammo a costeggiare quello strano mare; a sinistra, dalle numerose rocce che formavano un massiccio titanico, scendevano fiumiciattoli, torrenti che formavano cascate che si distendevano in veli d'acqua limpidi e mormoranti.
Più in là scorsi una fitta foresta di alberi che non riuscivo a distinguere; ci avvicinammo e soltanto allora potei vedere...

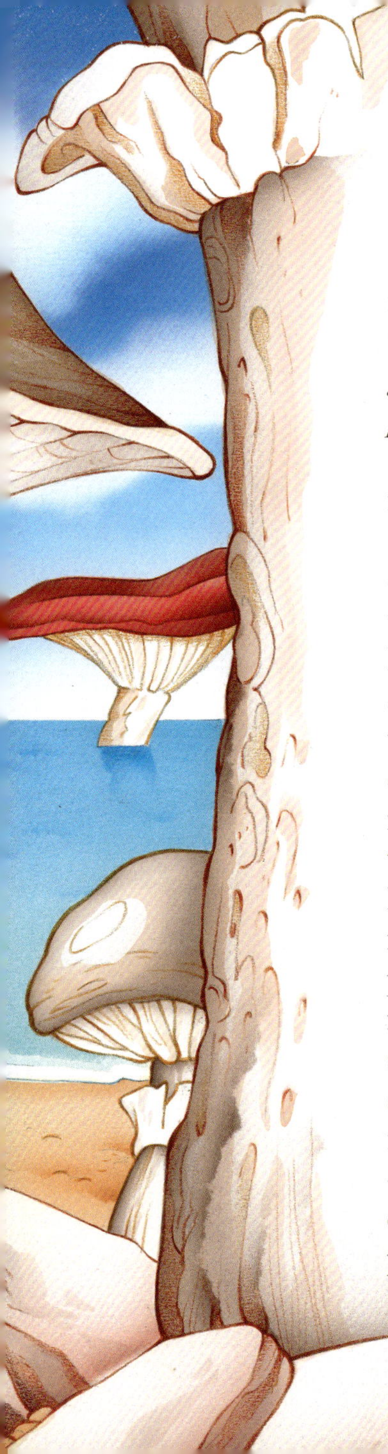

Si trattava di funghi, centinaia di funghi alti da trenta a quaranta piedi con una calotta proporzionata.
Là sotto faceva molto freddo e ci affrettammo a ritornare sulla spiaggia. Scorgemmo altri alberi, molto grandi e dal pallido fogliame: *sigillarie giganti, felci arborescenti* grandi come abeti, *lepidodendri* a fusti cilindrici.
«Magnifico!» esclamò lo zio. «Ecco tutta la flora della seconda era del mondo, le umili piante dei nostri giardini erano alberi nei primi secoli del globo terrestre! Pensa se un botanico potesse vederli!»
Ma le sorprese non finirono ancora perché più avanti il terreno era formato da ossa, alcune polverizzate altre perfettamente conservate tanto che potei riconoscere la mascella inferiore di un mastodonte, i molari di un *dinotherium* e addirittura scoprimmo qualche scheletro intero.
Lo zio tentò di spiegarmi come mai quegli animali si potessero trovare insieme a quel tipo di piante perché, lo sapevo benissimo, la vita animale sulla Terra era esistita soltanto nell'Era secondaria, quando il terreno sedimentario era stato formato dalle alluvioni sostituendo le rocce incandescenti dell'era primaria.
«La risposta è semplice, Axel: è un terreno sedimentario. In una certa epoca la Terra era composta da una scorza elastica che risentiva di

movimenti alterni di alto e basso secondo la legge dell'attrazione. È probabile che il suolo sia sprofondato e che una parte dei terreni sedimentari sia stata trascinata nel fondo degli abissi improvvisamente spalancati.»

«Deve essere così, ma mi chiedo se per caso non siano sopravvissuti alcuni di questi animali antidiluviani e che magari ora si aggirano alle nostre spalle.»

Mi guardai attorno con circospezione, improvvisamente impaurito. Decidemmo di tornare alla caverna.

Secondo i calcoli del professore ci trovavamo orizzontalmente a 350 leghe dall'Islanda; sopra quella cupola si ergeva la parte montuosa della Scozia; la bussola indicava sempre sud-est, ma l'ago della bus-

sola invece di inclinarsi verso il polo, come aveva sempre fatto nell'emisfero boreale, si raddrizzava al contrario. Il professore ne dedusse che il punto di attrazione magnetica si trovava compreso tra la superficie del globo e il luogo dove ci trovavamo. Inoltre, sempre secondo i suoi calcoli, eravamo a una profondità di trentacinque leghe.
«E adesso cosa faremo?» gli chiesi.
«Attraverseremo il mare!»
«E come? A nuoto?»
«No, useremo una robusta zattera!»
Hans era già al lavoro: stava utilizzando una parte del legname fossilizzato che si era depositata lungo il litorale e aveva quasi finito una solida zattera che ci avrebbe trasportati in un'altra incredibile avventura.
Il 13 agosto eravamo pronti a inaugurare il nostro nuovo mezzo di trasporto. Prima di lasciare quel piccolo porto naturale il professore volle battezzarlo. Proposi subito *Porto Graüben* senza che lo zio protestasse, poi ci imbarcammo e cominciammo quella fantastica traversata.
Ero incaricato di tenere il diario di bordo; lo zio mi aveva pregato di registrare ogni fenomeno, annotando anche le minime osservazioni. Intanto passammo vicino a un banco di alghe dalle proporzioni gigantesche: erano *fucus* lunghi da tre a quattromila piedi, davvero impressionanti!
Il viaggio continuava tranquillo, il tempo era bello, la temperatura era di 32° e scoprimmo che il mare era ricco di pesci completamente privi dell'organo della vista: erano autentici pesci fossili che non avevano nessuna somiglianza con quelli attuali.
Il professore aveva calcolato che saremmo approdati a sud dopo circa una trentina di leghe; ormai ne avevamo percorse tre volte tanto, ma ancora la fine del mare non si vedeva.

Il 18 agosto ce ne stavamo tranquilli sulla zattera quando una scossa tremenda per poco non ci fece cadere in acqua.
«Che succede?» gridò lo zio.
Hans indicò poco lontano una massa paurosa.
«È un porco marino colossale!» gridai.
«E laggiù c'è un coccodrillo mostruoso!» gridai ancora.
«E là una balena!» urlò il professore.
Eravamo paralizzati dal terrore, ci aspettavamo da un momento all'altro di venire divorati. Ecco da un lato il coccodrillo, dall'altro un serpente marino; preparai il fucile ma Hans mi bloccò; guardai meglio e vidi i due mostri attaccarsi con forza. Mi sembrò anzi di vedere altri animali gettarsi nella mischia ma Hans disse: «*Tva*».
«Due, Axel, sono soltanto due. Uno dei mostri ha il muso di un porco marino, la testa di una lucertola, i denti di un coccodrillo, è il più pericoloso rettile antidiluviano, l'*ittiosauro*.
L'altro è un serpente nascosto nel guscio di tartaruga, un terribile nemico dell'*ittiosauro*, il *plesiosauro*.»
Intanto, grazie al vento a favore, ci eravamo allontanati dal luogo della lotta anche se continuavamo a scrutare il mare preoccupati di ritrovarci davanti uno di quei sauri spaventosi.

Il giorno dopo il mare cambiò; l'acqua cominciò a ribollire, le nubi si abbassarono minacciosamen-

te, l'aria si riempì di elettricità. Cercammo di assicurare alla zattera tutti i nostri averi e noi stessi perché temevamo la furia della tempesta. Infatti di lì a poco un vento fortissimo si impossessò della zattera, che non riuscivamo più a controllare, iniziò anche a piovere violentemente e la temperatura si abbassò di colpo.
Non potevamo far nulla contro la furia di quel vero e proprio uragano. Trascorremmo ore e ore in cui, sferzati dall'acqua e scossi dal vento, navigammo senza più sapere dove saremmo andati a finire. Andammo così alla deriva per interi giorni, non sempre fui cosciente e sentii più di una volta il braccio di Hans tenermi saldamente.
Fu ancora lui che mi salvò quando la zattera finì contro la costa; precipitai in acqua e mi sarei lacerato sugli scogli se non mi avesse ripescato in tempo. L'islandese mi aveva trascinato sulla sabbia, fuori dalla portata delle onde, di fianco allo zio; poi tornò a riva cercando di recuperare quello che poteva del nostro carico.

Il giorno dopo il tempo era splendido, lo zio era di ottimo umore e Hans calmissimo, come sempre. Riunimmo le nostre cose e constatammo che i nostri strumenti e soprattutto la bussola erano integri, avevamo perso le armi ma la provvista di polvere da sparo era miracolosamente intatta.

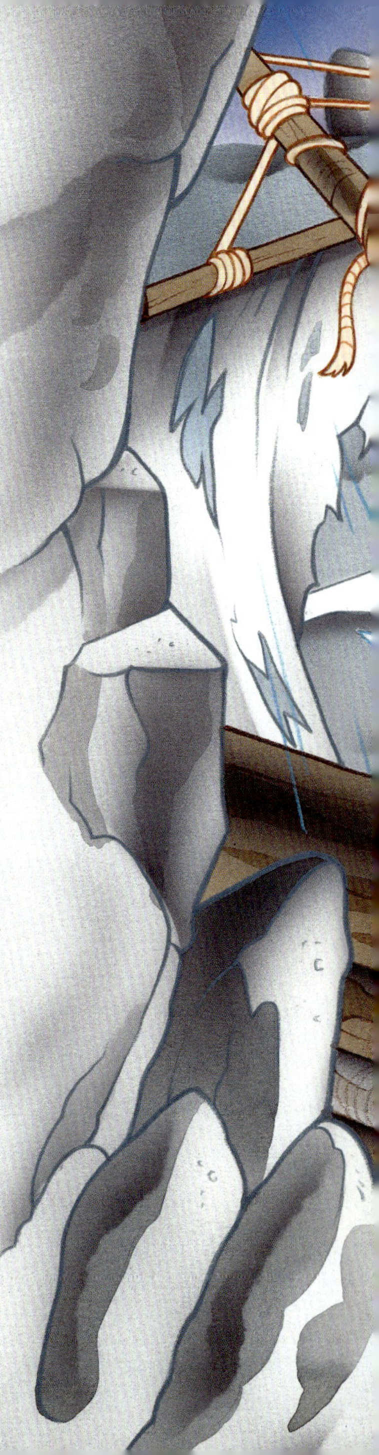

«Bene Axel, finalmente siamo arrivati dall'altra parte del *Mare Lidenbrock*. Ritengo che abbiamo percorso almeno seicento leghe. Questo mare potrebbe rivaleggiare con il Mediterraneo!»
«Una cosa curiosa...» aggiunsi. «Se i nostri calcoli sono esatti, dovremmo avere sopra di noi il Mediterraneo!»
«Quanta strada ragazzo mio! Ma che noi si sia sotto il Mediterraneo o la Turchia, possiamo affermarlo soltanto se la nostra direzione non è cambiata.

Questa riva dovrebbe essere a sud-est di *Porto Graüben*: prendi la bussola.»
La presi e la guardai stupito, l'ago segnava il nord dove noi avevamo supposto il sud, eravamo tornati indietro!
Lo zio inveiva contro il destino, io cercavo di riportarlo alla ragione dicendogli che anche per le ambizioni c'era un limite; lui, per tutta risposta, ci ordinò di tornare sulla zattera. Poi cambiò di nuovo idea e disse che avrebbe esplorato quel tratto di costa. Così, mentre Hans ricontrollava le condizioni della zattera, noi ci avviammo all'interno.
Camminavamo su una specie di terreno sedimentario, avanzando con difficoltà su rocce di granito misto a silice, a quarzo e a depositi alluvionali, poi ci trovammo davanti uno spettacolo incredibile: un campo disseminato di scheletri intatti di animali preistorici.
Era un'imparagonabile collezione di *Lophodion, Pterodattili, Protopitechi, Mericotherium* e trovammo persino un teschio umano: avevamo avuto così la conferma, tanto dibattuta dagli scienziati, che l'uomo era già presente sulla Terra nell'Era quaternaria.

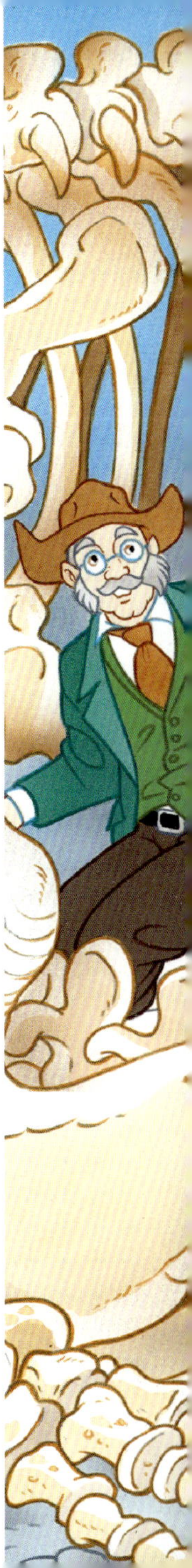

Camminammo ancora mezz'ora e arrivammo ai margini di una foresta immensa: era la vegetazione dell'Era terziaria!

Ci stavamo aggirando fra palmizi, pini, cipressi e tassi, quando mi fermai costernato: un gregge di mastodonti pascolava tranquillo; poco più in là un uomo gigantesco, degno di quel gregge, stava, noncurante, appoggiato a un tronco. Era alto almeno dodici piedi e la sua testa enorme, grossa come la testa di un bufalo, scompariva sotto una criniera foltissima; in mano stringeva una clava che pareva un tronco. Senza perdere altro tempo fuggimmo spaventati e tornammo verso la riva.
Stavamo discutendo sulla possibilità, per il professore inaudita, di essere stati sbattuti dalla tempesta poco lontano da *Porto Graüben*, quando i miei occhi videro tra i sassi qualcosa che luccicava, quindi mi inchinai e raccolsi un pugnale interamente coperto di ruggine.
Lo zio lo esaminò: «Axel, è un'arma del XVI secolo ed è coperta da uno strato di ruggine vecchio di secoli, chi può averlo perduto?».

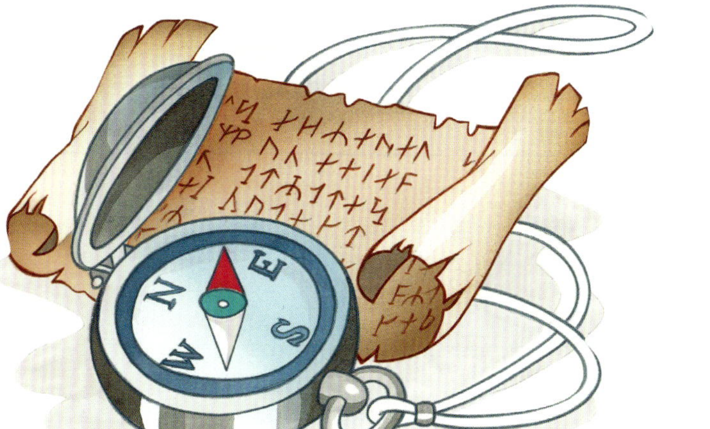

Proseguimmo e arrivammo in un luogo dove la riva si stringeva e il mare veniva quasi a lambire la base dei contrafforti, lasciando un passaggio di un paio di metri al massimo. Fra due pareti di roccia si vedeva un'apertura, l'entrata di una galleria dall'aspetto buio e misterioso. E proprio là, sulla lastra di granito erano perfettamente visibili le iniziali di Arne Saknussemm.

Ringraziammo il cielo che ci aveva fatto ritornare indietro; ritornammo da Hans e in tutta fretta, questa volta con la zattera, ritornammo all'entrata della galleria; dovemmo lasciare l'imbarcazione poco dopo e proseguire a piedi, ma pochi passi più avanti un ammasso di rocce di granito ci sbarrò la strada.
«Maledizione!» gridò il professore. «Questa non ci voleva... Sicuramente è stato un crollo recente a bloccare la via, ma noi la faremo saltare. Se Saknussemm è passato di qui, lo faremo anche noi!»
Eccitati dalle sue parole ci mettemmo al lavoro; Hans scavò una buca profonda dove avremmo messo il fulmicotone mentre lo zio e io costruivamo una miccia sufficientemente lunga.
Quando tutto fu pronto ebbi l'onore di accendere la miccia e poi corsi fuori a rifugiarmi sulla zattera, che Hans condusse un poco al largo. Il professore osservava il suo cronometro, la durata della miccia era di dieci minuti. Quando lo zio gridò: «Ci siamo!» mi sembrò che davanti a me crollasse un sipario, le montagne si sgretolarono e il mare divenne una sola ondata immensa che sollevò la zattera come un fuscello.
Continuavamo a salire, spinti dalla forza dell'acqua, le tenebre erano fitte e noi ci tenevamo per mano senza poter parlare.
Non potevamo accendere nessuna luce, l'acqua continuava a spingerci e avevo la sensazione che fossimo finiti in un pozzo. Iniziai ad avere caldo, sul viso mi arrivavano spruzzi d'acqua bollente, poi le pareti cominciarono a tremare.

«Un terremoto, zio! Siamo perduti!»
«No, Axel, non disperare!»
Quello che avvenne nelle ore successive lo ricordo confusamente, continuavamo a salire arrestandoci improvvisamente per pochi secondi per riprendere subito dopo. L'acqua si era trasformata in lava, il calore era insopportabile e facevo fatica a respirare. Mi sembrava di svenire ma Hans mi teneva sempre stretto mentre con l'altra mano stringeva quella dello zio.
Fiammate ruggenti ci assediavano, un uragano spaventoso alimentava i fuochi sotterranei; non ricordo altro di quei terribili momenti, tranne che a un certo punto mi vidi proiettato fuori e sopra di me vidi Hans, il volto illuminato dalle fiamme dell'inferno.

Quando riaprii gli occhi non riuscivo a capire dove fossi; mi sentivo le membra a pezzi. A fatica mi alzai e cercai di guardarmi intorno.
Il sole, che da settimane non vedevo, mi accecava. Accanto a me lo zio e Hans osservavano quel luogo sconosciuto.
«Siamo in Islanda?» chiesi.
«*Nej*.» rispose sicuro Hans.
E aveva ben ragione perché, ora che iniziavo ad abituarmi alla luce, potevo distinguere lungo i pendii di quella montagna olivi, fichi e vigneti carichi di succosi grappoli vermigli.
Con gli abiti strappati, distrutti ma salvi, cominciammo a scendere.
Poco più giù incontrammo un ragazzino, forse un pastore. Lo zio provò a interpellarlo in francese, in spagnolo e poi in italiano: «Dove essere noi?» gli chiese; il ragazzino, forse spaventato dal nostro aspetto, sembrò non voler rispondere, poi disse: «Stromboli».
«Stromboli, Stromboli...» ripetemmo noi e sembrava che cantassimo in coro. Eravamo in Italia!

In patria ci accolsero come eroi; Graüben mi aspettava, più innamorata che mai, e poco tempo dopo ci sposammo.

Scrissi questo *Viaggio al centro della Terra* e fu un successo enorme. Hans tornò alla sua Islanda e lo zio, coccolato e viziato da tutti gli scienziati, era l'uomo più felice del mondo, dopo di me s'intende!

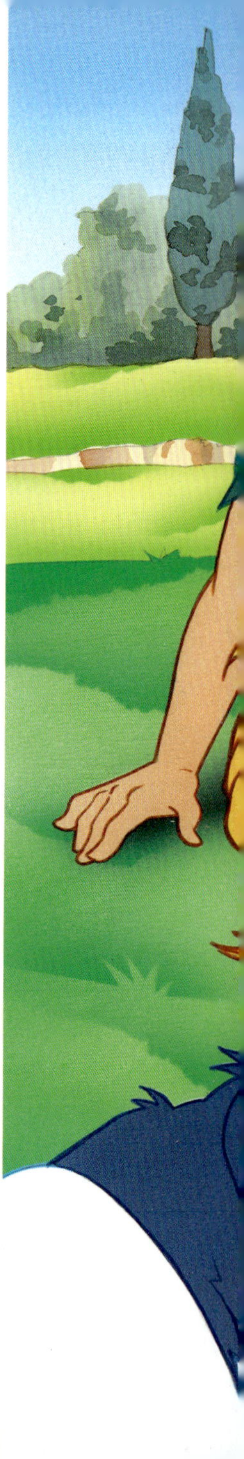

Ah, un'ultima cosa, risolvemmo anche il dubbio che c'era rimasto di essere stati ributtati, dopo la tempesta sul *Mare Lidenbrock*, sulla costa da cui eravamo partiti quando, qualche mese più tardi, riordinando lo studio dello zio, riebbi fra le mani quella stessa bussola scampata con noi. Guardandola lanciai un grido e chiamai lo zio. Insieme constatammo che l'ago indicava il sud e non il nord: i poli si erano invertiti.
«E così, arrivati dove Saknussemm aveva lasciato il suo coltello, l'ago di questa dannata bussola segnava il sud invece del nord?»
«Proprio così! Durante l'uragano sul *Mare Lidenbrock*, deve essere accaduto che la bussola si sia smagnetizzata!»
«È stato un tiro dell'elettricità!» esclamò lo zio ridendo. «E per un soffio non siamo ripartiti!»
Ora che tutto era stato chiarito, beh... non rimaneva proprio più nulla da aggiungere!

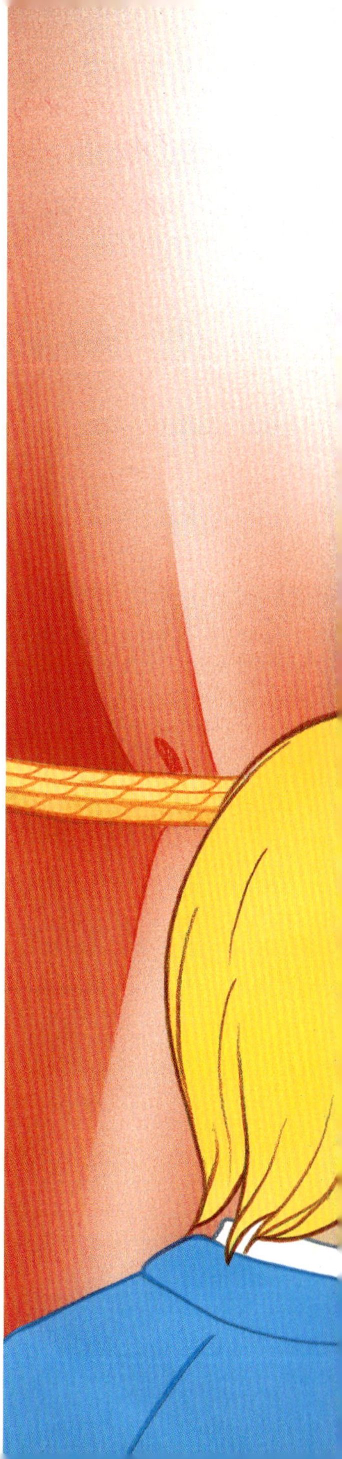

CE

© 2020 by CREALIBRI
CREALIBRI è un marchio EDICART Style
Via Jucker, 28 - Legnano (MI) - Italia
Illustrazioni di *Tiziano Giulianini / Michael Rosskothen*/ Shutterstock.com
Progettazione e sviluppo grafico di *Liliana Tognin*
Redazione e adattamento testi di *Manlio Francia*

www.edicart.it